Werde klar. Werde frei. Werde du!

Eric Tüscher

Werde klar. Werde frei. Werde du!

Der Praxis-Guide für deine wahre und authentische Transformation

Eric Tüscher
Düsseldorf, Deutschland

ISBN 978-3-658-49463-6   ISBN 978-3-658-49464-3 (eBook)
https://doi.org/10.1007/978-3-658-49464-3

Die Deutsche Nationalbibliothek verzeichnet diese Publikation in der Deutschen Nationalbibliografie; detaillierte bibliografische Daten sind im Internet über https://portal.dnb.de abrufbar.

© Der/die Herausgeber bzw. der/die Autor(en), exklusiv lizenziert an Springer Fachmedien Wiesbaden GmbH, ein Teil von Springer Nature 2026

Das Werk einschließlich aller seiner Teile ist urheberrechtlich geschützt. Jede Verwertung, die nicht ausdrücklich vom Urheberrechtsgesetz zugelassen ist, bedarf der vorherigen Zustimmung des Verlags. Das gilt insbesondere für Vervielfältigungen, Bearbeitungen, Übersetzungen, Mikroverfilmungen und die Einspeicherung und Verarbeitung in elektronischen Systemen.
Die Wiedergabe von allgemein beschreibenden Bezeichnungen, Marken, Unternehmensnamen etc. in diesem Werk bedeutet nicht, dass diese frei durch jede Person benutzt werden dürfen. Die Berechtigung zur Benutzung unterliegt, auch ohne gesonderten Hinweis hierzu, den Regeln des Markenrechts. Die Rechte des/der jeweiligen Zeicheninhaber*in sind zu beachten.
Der Verlag, die Autor*innen und die Herausgeber*innen gehen davon aus, dass die Angaben und Informationen in diesem Werk zum Zeitpunkt der Veröffentlichung vollständig und korrekt sind. Weder der Verlag noch die Autor*innen oder die Herausgeber*innen übernehmen, ausdrücklich oder implizit, Gewähr für den Inhalt des Werkes, etwaige Fehler oder Äußerungen. Der Verlag bleibt im Hinblick auf geografische Zuordnungen und Gebietsbezeichnungen in veröffentlichten Karten und Institutionsadressen neutral.

Springer ist ein Imprint der eingetragenen Gesellschaft Springer Fachmedien Wiesbaden GmbH und ist ein Teil von Springer Nature.
Die Anschrift der Gesellschaft ist: Abraham-Lincoln-Str. 46, 65189 Wiesbaden, Germany

Wenn Sie dieses Produkt entsorgen, geben Sie das Papier bitte zum Recycling.

Warum habe ich dieses Buch geschrieben?

Seit mehr als zwei Jahrzehnten beschäftige ich mich intensiv mit Persönlichkeitsentwicklung. Doch der Anfang meiner Reise war alles andere als erfolgreich. Er war geprägt von Unsicherheit und Umbruch. Plötzlich stand ich vor einem Scherbenhaufen: Alles, was mir Halt gegeben hatte, war weggebrochen. Ich wusste nicht, wo mein Platz war, hatte weder eine klare Richtung noch ein Umfeld, das mich unterstützen konnte. Aber eines war mir trotz allem klar: Ich wollte mein eigener Wegbereiter sein – selbstständig, frei und erfüllt. Also begann ich zu lernen. Nicht in klassischen Seminaren, sondern durch Bücher, durch Erlebnisse, durch Rückschläge. Jede Erfahrung wurde zu einem Puzzlestück, das mich weitergebracht hat – hin zu dem glücklichen Leben, das ich heute führen darf.

Wie sieht dieses Leben konkret aus? Ich bin heute nicht nur Unternehmer im Bereich **Karriereberatung & Executive Search**, sondern auch **zertifizierter systemischer Coach, Berater in der Persönlichkeitsdiagnostik und zertifizierter Changemanager**. In über **5000 Ver-**

änderungsprozessen habe ich erlebt, dass Erfolg nicht gleich Erfüllung bedeutet. Ich habe mit Menschen gearbeitet, die scheinbar alles hatten: Karriere, Anerkennung, ein gutes Einkommen und doch eine innere Leere spürten. Warum?

- Weil sie einen Erfolg lebten, der nicht ihrer Persönlichkeit entsprach.
- Weil sie Erwartungen erfüllten, aber nicht ihre eigenen.
- Weil sie nie wirklich hinterfragt haben, was sie selbst wollen.
- Weil sie den Applaus anderer wichtiger nahmen als die eigene Stimme.
- Weil sie dachten, Zufriedenheit kommt automatisch mit dem nächsten Karriereschritt.
- Weil sie zwar Ziele hatten, aber keine Vision.
- Weil sie Leistung brachten, aber keinen Sinn spürten.

Genau deshalb habe ich dieses Buch geschrieben.

Erfolg fühlt sich nur dann gut an, wenn er zu dir passt.
Es geht nicht darum, einfach nur „mehr" zu erreichen, sondern darum, das **richtige** Ziel zu verfolgen. Wachstum bedeutet nicht nur, beruflich weiterzukommen, sondern auch, sich selbst zu verstehen, seine Stärken zu nutzen und ein Leben zu gestalten, das sich wirklich stimmig anfühlt.

Ich glaube daran, dass echte Veränderung nur dann funktioniert, wenn sie **tiefgehend, individuell und nachhaltig** ist und aus deinem tiefsten Inneren heraus entsteht.

Denn am Ende geht es um mehr als Karriere.
Es geht darum, morgens aufzuwachen und es kaum erwarten zu können, in den Tag zu starten.

Dieses Buch ist mein ganz persönlicher Rückblick auf den Weg, der mich in das erfüllte Heute geführt hat. Ich möchte darin meine Erkenntnisse mit dir teilen und dir Werkzeuge an die Hand geben, die du brauchst, um **dein Potenzial zu entfesseln**, deine eigenen Maßstäbe zu setzen und den Erfolg zu leben, der wirklich zu dir passt.

Bist du bereit, dich selbst auf eine neue Weise kennenzulernen? Dann lass uns starten.

Einleitung

Es gibt Phasen im Leben, in denen sich alles irgendwie festgefahren anfühlt. Die Tage laufen einigermaßen dahin, aber etwas fehlt. Du funktionierst, statt zu gestalten. Ein leiser Zweifel meldet sich: *War das schon alles?* Genau dort nimmt dich dieses Buch an die Hand.

„Werde klar. Werder frei. Werde du." ist kein gewöhnliches Buch. Es lädt dich ein, den Blick nach innen zu richten – ehrlich, mutig und mit der Bereitschaft, etwas zu verändern. Es unterstützt dich dabei, Klarheit zu gewinnen, innere Blockaden zu erkennen und Schritt für Schritt ein Leben aufzubauen, das sich wirklich nach dir anfühlt.

Du wirst die wichtigsten Lebensbereiche analysieren, deine Muster hinterfragen und neue Wege entdecken. Kein theoretisches „Blabla", sondern konkrete Impulse, Reflexionen und Übungen, die dich weiterbringen. Dieses Buch ist kein Ziel. Es ist der Anfang deiner Reise.

Hier ein kurzer Überblick über die Themen, die dich erwarten:

Kapitel 1 – Das 4-Säulenmodell: Der Schlüssel zu deiner Zufriedenheit

Was macht dich wirklich zufrieden? Dieses Modell hilft dir, herauszufinden, woran es liegt, wenn du unzufrieden bist – sei es deine Aufgabe, dein Umfeld, deine persönliche Entwicklung oder der Nutzen, den du aus deiner Arbeit ziehst.

Kapitel 2 – Entdecke deine wahren Werte

Werte sind der innere Kompass deines Lebens. Doch oft leben wir unbewusst im Widerspruch zu ihnen, was Unzufriedenheit und Orientierungslosigkeit auslöst. In diesem Kapitel lernst du, wie du deine Kernwerte erkennst und sie als Leitfaden für deine Entscheidungen nutzt.

Kapitel 3 – Die Kraft deiner Gewohnheiten

Tägliche Routinen bestimmen, wer wir sind und wer wir werden. Hier erfährst du, wie du unbewusste Muster erkennst, hinderliche Gewohnheiten durchbrichst und bewusst neue Routinen schaffst, die dich langfristig erfolgreicher und erfüllter machen.

Kapitel 4 – Anteilsarbeit: Verstehe deine inneren Stimmen

In dir existieren verschiedene Anteile, z. B. der Kritiker, der Antreiber, aber auch der Unterstützer. Dieses Kapitel zeigt dir, wie du deine inneren Stimmen bewusst wahrnimmst, alte Blockaden löst und mehr innere Balance gewinnst.

Kapitel 5 – Gestalte dein Umfeld aktiv
Unser Umfeld beeinflusst uns mehr, als wir oft denken. Doch anstatt es passiv hinzunehmen, kannst du es bewusst so gestalten, dass es dein Wachstum fördert. Ob Arbeitsplatz, Beziehungen oder Routinen – hier lernst du, dein Umfeld aktiv in Einklang mit deinen Zielen zu bringen.

Dieses Buch ist **kein gewöhnlicher Ratgeber** – Jedes Kapitel kombiniert **Reflexion, wissenschaftlich fundierte Erkenntnisse und praktische Übungen**, um echte Veränderungen anzustoßen. Dieses Buch ist nicht nur eine Lektüre – es ist ein Werkzeug für deine persönliche Transformation.

Jetzt ist die Zeit, dein wahres Potenzial zu entfesseln. Bist du bereit?

Inhaltsverzeichnis

Das 4-Säulenmodell   1
Übersicht über das 4-Säulenmodell   1
Praxisteil   2
  Aufgabe   2
  Umfeld   4
  Entwicklung (persönlich und fachlich)   10
  Benefit   13
Weiteres Vorgehen   15
  Schritte zur Bewertung der Zufriedenheit: 15
  Weiteres Vorgehen: Gewichtung der Unterpunkte   17

Entdecke Deine wahren Werte!   23
Was sind Werte?   23
  Warum ist man zufriedener, wenn man seine Werte kennt und nach ihnen lebt?   24
Ignoranz der eigenen Werte: Das sind die Konsequenzen   26
  Warum es Zeit ist, dein wahres Ich zu leben!   26
Beginne Dein Abenteuer: Arbeite mit Deinen Werten und entfessle Dein Potenzial   30

Praxisteil	31
Der erste Schritt zu einem erfüllten Leben	31
Priorisiere Deine Werte!	33
Erforsche Deine Top-Werte: Der Weg zu Deinem authentischsten Selbst	36
Die Kraft Deiner Gewohnheiten	**41**
Physische Gewohnheiten: Der Grundstein Deiner Gesundheit	42
Die Macht der gedanklichen Gewohnheiten	42
Die Entstehung gedanklicher Gewohnheiten	45
Warum sind gedankliche Gewohnheiten wichtig?	46
Praxisteil	47
Erkenne deine gedanklichen Gewohnheiten: Ein Leitfaden zur Selbstreflexion und Veränderung	47
ABC-Modell zur kognitiven Umstrukturierung	50
Der Prozess der kognitiven Umstrukturierung	51
Abschluss	53
Psychosomatische Gewohnheiten	53
Praxisteil	57
Integration neuer Gewohnheiten: Dein Schlüssel zu nachhaltigem Erfolg	57
Anteilsarbeit	**61**
Entfessle deine inneren Kräfte!	61
Was kannst du von diesem Kapitel erwarten?	62
Dein Weg beginnt hier	63
Wie du dieses Kapitel am besten liest	63
Einleitung zur Anteilsarbeit	65
Was sind persönliche Anteile?	66
Theoretischer Background Psychologie	66
Meine Überlegungen und Erfahrungen zur Anteilsarbeit	67
Praxisteil	70
Erster Schritt: Visuelle Vorstellung	70

Abschluss: Dein Meisterwerk Leben	105
Dein Leben ist dein Meisterwerk	106

Gestalte Dein Umfeld und entfessle Dein Potenzial! — 109

Warum ein positives Umfeld so wichtig für uns ist	110
Praxisteil	113
Welche Netzwerke hast du aktuell?	113
Stärkung von energiespendenden Netzwerken	114
Umgang mit energieraubenden Netzwerken	114
Weitere Netzwerke aufbauen	115
Schlusswort	116
Warum Veränderung oft schwerfällt – und warum du es trotzdem tun solltest	116

Quellen zum Buch — **121**

Über den Autor

Eric Tüscher ist Wirtschaftspsychologe (M.Sc.) und Unternehmer. Er ist seit über einem Jahrzehnt erfolgreich in der Karriereberatung und im Executive Search tätig. Als zertifizierter systemischer Coach, Change Manager und Berater für Persönlichkeitsdiagnostik hat er mehr als 5000 Veränderungsprozesse begleitet – von individuellen Karrierewegen bis hin zu komplexen Transformationen.

Sein Ansatz verbindet psychologisches Fachwissen mit unternehmerischer Klarheit. Mit analytischem Gespür, Empathie und einem systemischen Blick unterstützt Eric Tüscher Menschen dabei, Entwicklung bewusst und wirksam zu gestalten. Dabei steht immer „der Mensch im Wandel" im Mittelpunkt.

Das 4-Säulenmodell

> Wie du feststellen kannst, warum du bei der Arbeit unzufrieden bist.

Übersicht über das 4-Säulenmodell

Du kennst vielleicht dieses Gefühl: Du sitzt am Schreibtisch, schaust auf den Bildschirm und fragst dich, warum sich das alles so schwer anfühlt. Es fehlt nicht unbedingt an Aufgaben oder Herausforderungen, und doch spürst du: *Irgendetwas passt nicht.* Manchmal ist es gar nicht so einfach, den Kern dieser Unzufriedenheit zu benennen.

Aber mit dem 4-Säulenmodell kannst du Klarheit gewinnen, konkrete Handlungen ableiten und deine berufliche Zufriedenheit erheblich steigern. Du kannst dieses Modell nicht nur für dich selbst nutzen, sondern auch als Vorlage für Bewerbungsgespräche oder als Führungskraft für Feedbackgespräche mit deinen Mitarbeitern einsetzen.

Das 4-Säulenmodell besteht aus den vier wesentlichen Bereichen:

1. Aufgabe
2. Umfeld
3. Entwicklung (persönlich und fachlich)
4. Benefit

Jede dieser Säulen repräsentiert einen kritischen Bereich deiner Arbeit und spielt eine bedeutende Rolle für deine Zufriedenheit. Indem du jede Säule gründlich analysierst, erkennst du, welche konkreten Elemente deiner Arbeit dich zufrieden oder unzufrieden machen.

Praxisteil

Aufgabe

Die erste Säule, die **Aufgabe**, ist das Herzstück deiner täglichen Arbeit. Sie ist der Motor, der dich antreibt und motiviert. Wenn du jeden Morgen aufstehst und weißt, dass du an Aufgaben arbeitest, die dich erfüllen und herausfordern, bist du nicht nur produktiver, sondern auch glücklicher. Lass uns diese Säule genauer ansehen und Wege finden, sie zu verbessern, damit du dein volles Potenzial ausschöpfen kannst.

Reflexion: Beginne damit, ehrlich zu dir selbst zu sein. Nimm dir Zeit, um eine Bestandsaufnahme deiner aktuellen Aufgaben zu machen. Setz dich hin und notiere, welche Aufgaben du täglich, wöchentlich und monatlich erledigst. Diese Reflexion ist der Schlüssel, um zu verstehen, was dich begeistert und was dich bremst.

- **Tägliche Aufgaben:** Sie sind der Rhythmus deines Alltags: Die Routineaufgaben, die du jeden Tag erledigst. E-Mails beantworten, Kundenanfragen bearbeiten, Meetings führen oder Berichte erstellen: All diese Tätigkeiten halten den Betrieb am Laufen und du leistest einen wichtigen Beitrag dazu.

- **Wöchentliche Aufgaben:** Hier beginnt der strategische Teil deiner Arbeit: Du planst Projekte, setzt Prioritäten, führst Teammeetings, analysierst Entwicklungen und entwickelst neue Ideen. Diese Aufgaben geben deinem Arbeitsalltag Richtung und Tiefe. Sie helfen dir, den Überblick zu behalten und aktiv zu gestalten, statt nur zu reagieren.

- **Monatliche Aufgaben:** Jetzt geht der Blick über das Tagesgeschäft hinaus. Du arbeitest an größeren Projekten, ziehst Bilanz, setzt dir neue Ziele und entwickelst dich gezielt weiter – fachlich und persönlich. In diesen Momenten denkst du über das große Ganze nach. Du erkennst Muster, richtest dich neu aus und gibst deinem beruflichen Handeln langfristige Bedeutung.

> **Deine Aufgabe**
>
> **Aktion:** Jetzt ist es an der Zeit, diese Tätigkeiten unter die Säule **Aufgabe** zu schreiben. Schau dir jede Kategorie an und frage dich: Welche dieser Aufgaben erledige ich am Tag? Welche Aufgaben sind mir wichtig und gehe ich aktuell nicht nach?
>
> Indem du diese Reflexion machst und die Ergebnisse festhältst, setzt du den ersten Schritt in Richtung einer erfüllenderen und produktiveren Arbeitsweise. Du hast die Macht, deine täglichen Aufgaben zu gestalten und zu priorisieren. Nutze sie, um ein Arbeitsumfeld zu schaffen, das dich inspiriert und antreibt. Dein berufliches Glück beginnt mit der Klarheit darüber, was dich wirklich erfüllt. Los geht's

Umfeld

Die zweite Säule, das **Umfeld**, ist der Nährboden für dein berufliches Wachstum. Dein Arbeitsumfeld ist mehr als nur ein physischer Raum – es ist die Atmosphäre, die Energie und die Kultur, die deinen Arbeitsalltag formen. Wenn du in einem Umfeld arbeitest, das dich unterstützt, inspiriert und fördert, wirst du aufblühen und dein volles Potenzial entfalten. Schauen wir uns diese Säule nun im Detail an und entdecken gemeinsam, welche Stellschrauben du drehen kannst, um mehr Zufriedenheit und Klarheit in deinem Berufsalltag zu gewinnen.

Beziehungen zu Kollegen: Die Qualität deiner Beziehungen zu Kollegen kann einen enormen Einfluss auf deine Arbeitszufriedenheit haben. Ein guter Teamkollege unterstützt dich in stressigen Phasen, indem er dir Aufgaben abnimmt, dir zuhört oder einfach mal einen Kaffee mit dir trinkt, wenn alles zu viel wird. Umgekehrt kann ein angespanntes Miteinander selbst einfache Aufgaben anstrengend machen und dir jeden Tag aufs Neue Energie rauben.

Stell dir mit Blick auf dein Umfeld die folgenden Fragen:

- **Teamgeist:** Arbeitest du in einem Team, das dich unterstützt und inspiriert? Ein starker Teamgeist zeigt sich zum Beispiel darin, dass ihr euch gegenseitig helft, wenn es eng wird, Erfolge gemeinsam feiert oder bei Problemen offen miteinander sprecht. Solche Momente können den Unterschied machen – ob du morgens mit Vorfreude ins Büro kommst oder innerlich schon den nächsten Urlaub herbeisehnst.

- **Kommunikation:** Sind die Kommunikationswege offen und klar? Fühlst du dich gehört und geschätzt? Gute Kommunikation zeigt sich zum Beispiel, wenn Feedback ehrlich und respektvoll gegeben wird, Informationen rechtzeitig ankommen und Missverständnisse schnell geklärt werden. Sie schafft Vertrauen – und sorgt dafür, dass du nicht nur mitarbeitest, sondern wirklich mitgestaltest.

- **Soziale Interaktion:** Gibt es in deinem Arbeitsalltag Momente, in denen du einfach mal locker mit Kolleginnen und Kollegen ins Gespräch kommst? Gemeinsame Mittagspausen, kurze Gespräche in der Kaffeeküche oder ein Feierabenddrink nach einem langen Tag stärken das Miteinander und verwandeln Kollagen in echte Teamplayer. Solche Begegnungen schaffen Nähe, Vertrauen – und machen den Büroalltag menschlicher.

Verhältnis zu Vorgesetzten: Ein gutes Verhältnis zu deinen Vorgesetzten ist entscheidend für dein berufliches Wohlbefinden. Wenn du das Gefühl hast, ernst genommen zu werden, regelmäßig konstruktives Feedback bekommst und deine Meinung zählt, schafft das Vertrauen – und gibt dir den Rückhalt, den du brauchst, um dich weiterzuentwickeln.

- **Unterstützung:** Fühlst du dich von deinen Vorgesetzten unterstützt und gefördert? Gute Führung zeigt sich zum Beispiel darin, dass dir bei einem herausfordernden Projekt ein erfahrener Kollege zur Seite gestellt wird oder du gezielt eine Weiterbildung besuchen darfst, die dich fachlich voranbringt. Solche Gesten zeigen: Dein Potenzial wird gesehen – und gefördert.

- **Feedback:** Bekommst du regelmäßig konstruktives Feedback – nicht nur dann, wenn etwas schiefläuft? Werden deine Leistungen anerkannt und gewürdigt? Regelmäßige Rückmeldungen können dich motivieren, neue Ideen anstoßen und dir helfen, dich weiterzuentwickeln. Vielleicht erinnert sich deine Führungskraft nach einem erfolgreich abgeschlossenen Projekt daran, dir persönlich für deinen Einsatz zu danken oder dir im Jahresgespräch konkrete Entwicklungsmöglichkeiten aufzuzeigen.

- **Vertrauen:** Spürst du, dass dir deine Vorgesetzten zutrauen, Verantwortung zu übernehmen – und du dich im Gegenzug auf ihre Unterstützung verlassen kannst? Vertrauen zeigt sich zum Beispiel, wenn du eigenständig Entscheidungen treffen darfst, ohne ständig kontrolliert zu werden, oder wenn dein Chef hinter dir steht, auch wenn mal etwas nicht nach Plan läuft. Solche Erfahrungen geben Sicherheit – und stärken die Zusammenarbeit auf Augenhöhe.

Physische Arbeitsumgebung: Die physische Arbeitsumgebung umfasst alles, was deinen direkten Arbeitsplatz betrifft – vom Bürostuhl bis zur Raumtemperatur. Sitzt du bequem? Hast du genug Tageslicht und Ruhe, um konzentriert zu arbeiten? Schon Kleinigkeiten wie ein höhenverstellbarer Tisch, Pflanzen im Raum oder frische Luft können einen großen Unterschied machen – für dein Wohlbefinden, deine Konzentration und letztlich auch deine Motivation.

- **Möblierung:** Ist dein Arbeitsplatz ergonomisch gestaltet? Hast du bequeme und funktionale Möbel? Wenn du acht Stunden am Tag sitzt, sollte dein Arbeitsplatz nicht nur praktisch sein – sondern dich auch körperlich unterstützen. Ein ergonomischer Stuhl, ein höhenverstellbarer Schreibtisch und ausreichend Ablagefläche sorgen nicht nur für Ordnung, sondern auch für weniger Verspannungen und mehr Energie im Arbeitsalltag.

- **Ausstattung:** Hast du Zugriff auf die Tools, Programme und Geräte, die du für deine Arbeit wirklich brauchst? Wenn dein Laptop ständig abstürzt oder dir wichtige

Software fehlt, wird selbst die beste Planung zur Geduldsprobe. Eine funktionierende technische Ausstattung – vom stabilen Internet bis zum passenden Fachprogramm – spart nicht nur Zeit, sondern ermöglicht dir, dich auf das Wesentliche zu konzentrieren.

- **Räumlichkeiten:** Sind deine Arbeitsräume so gestaltet, dass du dich dort gerne aufhältst und konzentriert arbeiten kannst? Helle, gut belüftete Bürozimmer mit ausreichend Platz und Rückzugsmöglichkeiten machen einen großen Unterschied – gerade an langen Arbeitstagen. Vielleicht gibt es bei dir einen ruhigen Besprechungsraum für fokussiertes Arbeiten oder eine gemütliche Sitzecke für kreative Pausen. Solche Details schaffen eine Umgebung, in der du dich nicht nur funktional, sondern auch mental wohlfühlst.

Unternehmenskultur: Die allgemeine Kultur des Unternehmens prägt dein tägliches Arbeitsumfeld. Sie entscheidet darüber, ob du motiviert zur Arbeit gehst oder innerlich auf Abstand bist. Warum? Weil sie bestimmt, wie miteinander umgegangen wird, wie offen kommuniziert wird und wie sehr Werte wie Vertrauen, Respekt oder Innovation wirklich gelebt werden. In einer positiven Kultur fühlst du dich als Mensch gesehen – nicht nur als Arbeitskraft. Und genau das macht den Unterschied.

- **Werte und Normen:** Stimmen die Werte und Normen des Unternehmens mit deinen eigenen überein? Wenn du z. B. großen Wert auf Nachhaltigkeit legst, aber in einem Unternehmen arbeitest, das rein profitorientiert denkt, kann das auf Dauer zermürbend sein. Eine geteilte Wertebasis sorgt dagegen dafür, dass du dich mit deiner Arbeit identifizieren kannst – und das motiviert. Du spürst: *Ich arbeite nicht nur für ein Ziel, sondern für etwas, das ich wirklich mittrage.*

- **Miteinander:** Gibt es eine Kultur der Wertschätzung und des Respekts? Werden Vielfalt und Inklusion gefördert? Wie gehen die Menschen in deinem Unternehmen miteinander um? Spürst du Wertschätzung – sei es durch ein ehrliches Danke, einen respektvollen Ton oder die Offenheit gegenüber unterschiedlichen Perspektiven? Wenn Vielfalt nicht nur geduldet, sondern aktiv gefördert wird, entsteht ein Arbeitsklima, in dem jede und jeder dazugehören kann. Ein solches Miteinander macht es leichter, gemeinsam Lösungen zu finden – und schafft ein echtes Wir-Gefühl.

- **Innovationsfreude:** Wirst du ermutigt, neue Ideen einzubringen – auch wenn sie mal unkonventionell sind? Eine innovationsfreudige Kultur zeigt sich zum Beispiel darin, dass Vorschläge nicht sofort abgewiegelt werden, sondern gemeinsam weitergedacht werden. Vielleicht hast du schon erlebt, dass eine kleine Idee von dir zu einem ganzen Projekt wurde. Wenn Kreativität Raum bekommt, wächst nicht nur das Unternehmen – sondern auch du persönlich.

Arbeitsatmosphäre: Wie fühlt sich ein typischer Tag an deinem Arbeitsplatz an? Lachen die Leute zwischendurch, wird offen gesprochen, herrscht eine entspannte Stimmung – oder liegt eher Spannung in der Luft? Die Atmosphäre beeinflusst, ob du dich sicher und wohl fühlst oder ständig auf der Hut bist. Eine positive Grundstimmung motiviert, fördert die Zusammenarbeit und macht selbst stressige Tage leichter erträglich.

- **Stressniveau:** Wie hoch ist dein Stresspegel im Arbeitsalltag – fühlst du dich oft gehetzt oder kannst du in Ruhe arbeiten? Ein dauerhaft hohes Tempo ohne Pausen zehrt an deinen Kräften. Umgekehrt helfen feste Ruhezeiten, realistische Deadlines oder ein offenes Ohr bei Überlastung dabei, den Druck rauszunehmen. Wenn Stress nicht ignoriert, sondern aktiv gemanagt wird, bleibt Raum für Konzentration, Kreativität – und gesunde Leistungsfähigkeit.

- **Arbeitsklima:** Wie erlebst du die Stimmung im Team, wenn du morgens ins Büro kommst? Wird gemeinsam gelacht, sich gegenseitig unterstützt und auch mal Raum für persönliche Gespräche gelassen? Ein positives Arbeitsklima zeigt sich oft in kleinen Dingen – einem freundlichen „Guten Morgen", hilfsbereiten Kollegen oder der Bereitschaft, auch mal füreinander einzuspringen. Solche Momente schaffen Verbundenheit und machen aus Arbeit ein Miteinander.

- **Flexibilität:** Kannst du deinen Arbeitsalltag so gestalten, dass er zu deinem Leben passt? Flexible Arbeitszeiten oder die Möglichkeit zum Home-Office machen es leichter, Familie, Hobbys oder Arzttermine unter einen Hut zu bringen. Vielleicht hast du schon erlebt, wie viel entspannter ein Tag startet, wenn du dein Kind erst zur Schule bringen kannst, bevor du in Ruhe mit der Arbeit beginnst. Solche Freiräume schaffen nicht nur Ausgleich – sie stärken auch dein Vertrauen ins Unternehmen.

> **Deine Aufgabe**
>
> Jetzt ist es an der Zeit, hier alle Punkte, die dir einfallen und die dir wichtig sind, unter die Säule **Umfeld** zu schreiben. Überlege genau, was du an deinem Arbeitsumfeld schätzt und was du verbessern möchtest. Dein berufliches Glück und dein Wohlbefinden hängen maßgeblich davon ab, in einem Umfeld zu arbeiten, das dich unterstützt und inspiriert. Nutze diese Erkenntnisse, um aktiv an der Gestaltung deines idealen Arbeitsumfelds zu arbeiten. Du hast die Macht, dein berufliches Leben zu verändern – pack es an!

Entwicklung (persönlich und fachlich)

Die dritte Säule, **Entwicklung**, ist dein Schlüssel zum kontinuierlichen Wachstum und zur Erfüllung deiner beruflichen Träume. Diese Säule ist von grundlegender Bedeutung für deine langfristige Zufriedenheit und deinen Erfolg. Wenn du kontinuierlich lernst und dich weiterentwickelst, öffnest du die Türen zu neuen Möglichkeiten und Herausforderungen. Werfen wir einen genaueren Blick auf diese Säule, um herauszufinden, wie du sie gezielt stärken und für deine berufliche Weiterentwicklung nutzen kannst.

Bildungsmöglichkeiten: Welche Weiterbildungsmöglichkeiten bietet dein Arbeitgeber? Weißt du, welche Fortbildungen, Coachings oder internen Programme dein Arbeitgeber anbietet? Vielleicht gibt es ein Budget für externe Seminare oder regelmäßige Schulungen im Team. Wenn du solche Chancen kennst und nutzt, bleibst du fachlich am Ball – und zeigst, dass du bereit bist, dich weiterzuentwickeln.

Interne Schulungen: Viele Unternehmen bieten eine Vielzahl von internen Schulungen und Weiterbildungsprogrammen an. Diese Schulungen sind oft maßgeschneidert, um die spezifischen Bedürfnisse des Unternehmens und seiner Mitarbeiter zu erfüllen. Frage nach Programmen, die deine aktuellen Fähigkeiten erweitern oder neue Kompetenzen vermitteln, die für deine Karriereentwicklung entscheidend sind.

> **Beispiele**
> - **Fachliche Trainings:** Workshops zur Vertiefung technischer Kenntnisse oder branchenspezifischer Fähigkeiten. Diese Trainings helfen dir, auf dem neuesten Stand zu bleiben und deine Expertise zu vertiefen.
> - **Soft Skills:** Schulungen zur Verbesserung von Kommunikationsfähigkeiten, Führungsqualitäten oder Zeitmanagement. Soft Skills sind der Schlüssel zu effektivem Management und erfolgreicher Teamarbeit.

Externe Kurse: Externe Weiterbildungsmöglichkeiten bieten oft eine breitere Palette von Themen und können dir Zugang zu Expertenwissen und den neuesten Entwicklungen in deinem Fachgebiet verschaffen.

> **Beispiele**
>
> - **Seminare und Workshops:** Hier tauchst du tief in ein konkretes Thema ein – kompakt, fokussiert und praxisnah. Du lernst nicht aus dem Lehrbuch, sondern direkt von erfahrenen Profis, die ihr Wissen aus der Praxis mit dir teilen. So gewinnst du nicht nur neue Erkenntnisse, sondern auch wertvolle Impulse für deinen Arbeitsalltag.
> - **Berufsbegleitende Studiengänge:** Langfristige Programme wie Masterstudiengänge oder Zertifikatskurse, die dich für höhere Positionen qualifizieren und dein Wissen systematisch erweitern. Diese Programme bieten dir die Möglichkeit, eine fundierte Ausbildung zu erhalten, während du weiterarbeitest.

Konferenzen und Netzwerke: Die Teilnahme an Konferenzen, Fachmessen und Netzwerkveranstaltungen bietet dir die Möglichkeit, dein Wissen zu erweitern und wertvolle Kontakte zu knüpfen. Diese Veranstaltungen sind nicht nur Informationsquellen, sondern auch Plattformen, um sich mit anderen Fachleuten auszutauschen und neue Perspektiven zu gewinnen.

> **Beispiele**
>
> - **Fachkonferenzen:** Veranstaltungen, bei denen Experten die neuesten Trends und Entwicklungen in deinem Bereich diskutieren. Diese Konferenzen bieten dir die Möglichkeit, neue Ideen zu sammeln und dein Netzwerk zu erweitern.
> - **Netzwerkveranstaltungen:** Gelegenheiten, um Kontakte zu knüpfen, die dir bei deiner beruflichen Weiterentwicklung helfen können. Ein starkes Netzwerk kann dir Türen öffnen und dir neue Karrieremöglichkeiten bieten.

Mentoring/Coaching: Die Unterstützung durch Mentoren und Coaches kann von unschätzbarem Wert sein. Sie bieten dir individuelle Beratung und Unterstützung, helfen dir, deine Ziele zu klären und Strategien zu entwickeln, um diese zu erreichen.

> **Beispiele**
> - **Mentoring-Programme:** Strukturiertes Mentoring innerhalb des Unternehmens, bei dem erfahrene Mitarbeiter weniger erfahrene Kollegen unterstützen. Ein Mentor kann dir wertvolle Einblicke und Ratschläge geben, die auf jahrelanger Erfahrung basieren.
> - **Coaching:** Professionelle Coaches können dir helfen, konkrete Herausforderungen zu meistern – zum Beispiel in Bezug auf Themen wie Führung, Karriereentwicklung oder persönliche Effektivität. Ein Coach kann dir helfen, deine Stärken zu erkennen und deine Schwächen zu überwinden.

Beförderungsmöglichkeiten: Eine zentrale Komponente der beruflichen Entwicklung ist die Möglichkeit zur Beförderung. Beförderungen sind nicht nur Anerkennung für deine harte Arbeit und Fähigkeiten, sondern auch eine Chance, neue Herausforderungen zu meistern und weiter zu wachsen.

> **Deine Aufgabe**
> Jetzt ist es an der Zeit, hier alle Punkte, die dir einfallen und die dir wichtig sind, unter die Säule **Entwicklung** zu schreiben. Überlege genau, welche Weiterbildungs- und Aufstiegsmöglichkeiten du nutzen möchtest und wie du deine Karriere aktiv vorantreiben kannst. Dein beruflicher Erfolg liegt in deinen Händen – nutze jede Gelegenheit, um zu lernen, zu wachsen und deine Ziele zu erreichen. Du hast die Macht, deine berufliche Zukunft zu gestalten – pack es an!

Benefit

Die vierte Säule, **Benefit**, ist der Ausdruck der Wertschätzung und Anerkennung für deine harte Arbeit. Dazu zählt nicht nur das Gehalt, dass du nach Hause bringst, sondern auch all die zusätzlichen Vorteile, die deinen Lebensstandard verbessern und deine berufliche Zufriedenheit steigern. Es geht um die Frage, ob du fair entlohnt wirst und die Benefits erhältst, die du verdienst. Betrachten wir diese Säule im Detail, um herauszufinden, welche Möglichkeiten sie dir bietet und wie du sie gezielt für dein persönliches Wachstum nutzen kannst.

Wertbestimmung: Hast du dir schon einmal bewusst gemacht, welchen Wert deine Arbeit wirklich hat? Oft leisten wir viel und sprechen viel zu selten darüber. Vielleicht erkennst du deinen Beitrag erst richtig, wenn du ihn dir vor Augen führst: die Verantwortung, die du trägst, die Ergebnisse, die du erzielst. Es ist wichtig, dass du nicht nur diesen Wert erkennst, sondern ihn auch selbstbewusst kommunizierst – damit deine Vergütung dem entspricht, was du jeden Tag leistest.

- **Gehalt:** Überprüfe, ob dein Gehalt dem Branchenstandard entspricht. Recherchiere Marktgehälter und vergleiche deine Vergütung mit ähnlichen Positionen in deiner Branche und Region. Stelle sicher, dass du für deine Arbeit angemessen bezahlt wirst.

- **Leistungsprämien:** Werden in deinem Unternehmen Prämien oder Boni für herausragende Leistungen gezahlt? Falls ja, erkundige dich, welche Kriterien dafür erfüllt sein müssen und wie du diese erreichen kannst. Prämien und Boni sind Anerkennungen deiner harten Arbeit und deines Engagements.

Zusätzliche Benefits: Untersuche die zusätzlichen Vorteile deines Jobs – von flexiblen Arbeitszeiten bis zu Gesundheitsleistungen. Diese Benefits können einen erheblichen Einfluss auf deine Lebensqualität haben und dir helfen, eine bessere Work-Life-Balance zu erreichen.

- **Flexible Arbeitszeiten:** Gibt es Möglichkeiten, flexible Arbeitszeiten oder Home-Office-Tage zu nutzen? Diese Flexibilität kann deine Work-Life-Balance erheblich verbessern und zu höherer Zufriedenheit führen. Sie gibt dir die Freiheit, deine Arbeit um dein Leben herum zu gestalten.

- **Gesundheitsleistungen:** Gesundheitsangebote wie Fitnessstudio-Zuschüsse, regelmäßige Check-ups oder mentale Unterstützungsprogramme tragen spürbar zu deinem Wohlbefinden bei. Wenn dein Arbeitgeber solche Leistungen bereitstellt, zeigt das nicht nur Wertschätzung, sondern schafft auch die Grundlage dafür, dass du langfristig gesund, motiviert und leistungsfähig bleibst.

- **Urlaub und Freizeit:** Wie viele Urlaubstage hast du im Jahr? Gibt es zusätzliche bezahlte Freistellungen für besondere Anlässe oder Sabbaticals? Ausreichend Freizeit ist entscheidend, um sich zu erholen und neue Energie zu tanken.

> **Deine Aufgabe**
>
> Jetzt ist es an der Zeit, hier alle Punkte, die dir einfallen und die dir wichtig sind, unter die Säule **Benefit** zu schreiben. Denke darüber nach, welche Benefits dir am meisten bedeuten und wie sie deine Lebensqualität beeinflussen! Dein beruflicher Erfolg und deine Zufriedenheit hängen davon ab, dass du fair entlohnt wirst und die Vorteile erhältst, die du verdienst. Nutze diese Erkenntnisse als Ausgangspunkt, um gezielt für das einzustehen, was dir wichtig ist und aktiv Einfluss auf dein berufliches Umfeld zu nehmen. Du gestaltest deinen Weg selbst. Also geh ihn bewusst und mach etwas daraus, das wirklich zu dir passt.

Weiteres Vorgehen

Jetzt wird es richtig spannend! Es ist Zeit, die Ärmel hochzukrempeln und deine berufliche Zufriedenheit auf ein neues Level zu heben. Um das zu erreichen, bewerten wir alle formulierten Unterpunkte der vier Säulen (Aufgabe, Umfeld, Entwicklung, Benefit). Du wirst jeden dieser Punkte auf einer Skala von 1–100 % in Bezug auf deine aktuelle Zufriedenheit bewerten. Diese Bewertung ist der erste Schlüssel, um die Bereiche zu benennen, die am dringendsten Verbesserungen benötigen. Lass uns loslegen!

Schritte zur Bewertung der Zufriedenheit:

1. **Erstelle eine Liste aller Unterpunkte:**
   - Nimm dir einen Moment Zeit und liste alle Unterpunkte auf, die du unter den vier Säulen **Aufgabe**, **Umfeld**, **Entwicklung** und **Benefit** formuliert hast.

2. **Bewerte jeden Unterpunkt:**
   - Bewerte jeden Unterpunkt auf einer Skala von 1–100 %. Dabei bedeutet 1 % sehr unzufrieden und 100 % vollkommen zufrieden. Sei ehrlich und präzise in deiner Bewertung.

Beispiel für die Bewertung

1. **Aufgabe**
   - **Tägliche Aufgaben:**
     – Beantworten von E-Mails: 30 %
     – Bearbeiten von Kundenanfragen: 60 %
     – Durchführung von Meetings: 80 %
     – Erstellung von Berichten: 65 %

- **Wöchentliche Aufgaben:**
  - Planen und Priorisieren von Projekten: 75 %
  - Führen von Teammeetings: 85 %
  - Durchführen von Analysen: 50 %
  - Entwickeln von Strategien: 90 %
- **Monatliche Aufgaben:**
  - Erstellung von Monatsberichten: 60 %
  - Analyse von Geschäftszahlen: 40 %
  - Setzen von Quartalszielen: 70 %
  - Teilnahme an Schulungen und Weiterbildungen: 80 %

2. **Umfeld**
- **Beziehungen zu Kollegen:**
  - Teamgeist: 80 %
  - Kommunikation: 75 %
  - Soziale Interaktion: 85 %
- **Verhältnis zu Vorgesetzten:**
  - Unterstützung: 10 %
  - Feedback: 65 %
  - Vertrauen: 80 %
- **Physische Arbeitsumgebung:**
  - Möblierung: 60 %
  - Ausstattung: 70 %
  - Räumlichkeiten: 75 %
- **Unternehmenskultur:**
  - Werte und Normen: 65 %
  - Miteinander: 70 %
  - Innovationsfreude: 60 %
- **Arbeitsatmosphäre:**
  - Stressniveau: 50 %
  - Arbeitsklima: 75 %
  - Flexibilität: 80 %

3. Entwicklung (persönlich und fachlich)
   - **Bildungsmöglichkeiten:**
     – Interne Schulungen: 70 %
     – Externe Kurse: 0 %
     – Konferenzen und Netzwerke: 75 %
   - **Mentoring/Coaching:**
     – Mentoring-Programme: 70 %
     – Coaching: 60 %
   - **Beförderungsmöglichkeiten:**
     – Beförderungsmöglichkeiten: 50 %

4. Benefit
   - **Wertbestimmung:**
     – Gehalt: 65 %
     – Leistungsprämien: 60 %
   - **Zusätzliche Vorteile:**
     – Flexible Arbeitszeiten: 80 %
     – Gesundheitsleistungen: 70 %
     – Urlaub und Freizeit: 75 %

Mach dir dabei immer bewusst: Du bist deinem beruflichen Weg nicht schutzlos ausgeliefert, sondern hast die Kontrolle darüber. Nutze diese Gelegenheit, um positive Veränderungen zu bewirken! Dein berufliches Glück und dein Erfolg liegen in deinen Händen. Mach den ersten Schritt und bringe dein Arbeitsleben auf das nächste Level!

Weiteres Vorgehen: Gewichtung der Unterpunkte

Jetzt, wo du die Unterpunkte der vier Säulen (Aufgabe, Umfeld, Entwicklung, Benefit) auf einer Skala von 1–100 % in Bezug auf deine aktuelle Zufriedenheit bewertet hast, ist es an der Zeit, diese Unterpunkte zu gewichten. Diese Gewichtung hilft dir, die wichtigsten Bereiche zu identifizieren, die den größten Einfluss auf deine berufliche Zufriedenheit haben. Nutze die Chance, um dein Berufsleben bewusst und nachhaltig zu verändern.

Der Schritt zur Gewichtung der Zufriedenheit:

Gewichte jeden Unterpunkt:
- Jetzt kommt der nächste entscheidende Schritt! Gewichte jeden Unterpunkt auf einer Skala von 1–3, wobei 1 für niedrige Wichtigkeit, 2 für mittlere Wichtigkeit und 3 für hohe Wichtigkeit steht. Diese Gewichtung zeigt dir, welche Bereiche die größte Priorität haben.

Beispiel für die Bewertung und Gewichtung

1. Aufgabe
   - **Tägliche Aufgaben:**
     – Beantworten von E-Mails: 70 % (Gewichtung: 2)
     – Bearbeiten von Kundenanfragen: 60 % (Gewichtung: 3)
     – Durchführung von Meetings: 80 % (Gewichtung: 2)
     – Erstellung von Berichten: 65 % (Gewichtung: 2)

   - **Wöchentliche Aufgaben:**
     – Planen und Priorisieren von Projekten: 75 % (Gewichtung: 3)
     – Führen von Teammeetings: 85 % (Gewichtung: 2)
     – Durchführen von Analysen: 50 % (Gewichtung: 3)
     – Entwickeln von Strategien: 90 % (Gewichtung: 2)

- **Monatliche Aufgaben:**
  - Erstellung von Monatsberichten: 60 % (Gewichtung: 2)
  - Analyse von Geschäftszahlen: 55 % (Gewichtung: 3)
  - Setzen von Quartalszielen: 70 % (Gewichtung: 2)
  - Teilnahme an Schulungen und Weiterbildungen: 80 % (Gewichtung: 2)

2. Umfeld
- **Beziehungen zu Kollegen:**
  - Teamgeist: 80 % (Gewichtung: 2)
  - Kommunikation: 75 % (Gewichtung: 3)
  - Soziale Interaktion: 85 % (Gewichtung: 2)

- **Verhältnis zu Vorgesetzten:**
  - Unterstützung: 70 % (Gewichtung: 3)
  - Feedback: 65 % (Gewichtung: 3)
  - Vertrauen: 80 % (Gewichtung: 2)

- **Physische Arbeitsumgebung:**
  - Möblierung: 60 % (Gewichtung: 2)
  - Ausstattung: 70 % (Gewichtung: 2)
  - Räumlichkeiten: 75 % (Gewichtung: 2)

- **Unternehmenskultur:**
  - Werte und Normen: 65 % (Gewichtung: 3)
  - Miteinander: 70 % (Gewichtung: 2)
  - Innovationsfreude: 60 % (Gewichtung: 3)

- **Arbeitsatmosphäre:**
  - Stressniveau: 50 % (Gewichtung: 3)
  - Arbeitsklima: 75 % (Gewichtung: 2)
  - Flexibilität: 80 % (Gewichtung: 2)

3. Entwicklung (persönlich und fachlich)
   - **Bildungsmöglichkeiten:**
     – Interne Schulungen: 70 % (Gewichtung: 3)
     – Externe Kurse: 65 % (Gewichtung: 2)
     – Konferenzen und Netzwerke: 75 % (Gewichtung: 2)

   - **Mentoring/Coaching:**
     – Mentoring-Programme: 70 % (Gewichtung: 2)
     – Coaching: 60 % (Gewichtung: 3)

   - **Beförderungsmöglichkeiten:**
     – Beförderungsmöglichkeiten: 50 % (Gewichtung: 3)

4. Benefit
   - **Wertbestimmung:**
     – Gehalt: 65 % (Gewichtung: 3)
     – Leistungsprämien: 60 % (Gewichtung: 3)

   - **Zusätzliche Vorteile:**
     – Flexible Arbeitszeiten: 80 % (Gewichtung: 2)
     – Gesundheitsleistungen: 70 % (Gewichtung: 2)
     – Urlaub und Freizeit: 75 % (Gewichtung: 2)

Analyse der Bewertungen und Gewichtungen

- **Identifiziere Bereiche mit geringer Zufriedenheit (unter 60 %) und hoher Gewichtung (3):** Das sind deine Hotspots! Hier müssen wir anpacken und Veränderungen herbeiführen.
  – Beispielsweise könnte die **Durchführung von Analysen** (50 %, Gewichtung: 3) bei den wöchentlichen Aufgaben oder das **Stressniveau** (50 %, Gewichtung,

3) bei der Arbeitsatmosphäre dringend Aufmerksamkeit erfordern.

Weitere Schritte

1. **Priorisiere die Handlungsfelder:**
   - Erstelle eine Liste der Bereiche, die die niedrigsten Zufriedenheitswerte und die höchsten Gewichtungen aufweisen. Diese Bereiche haben oberste Priorität. Das sind deine größten Hebel für Veränderung!

2. **Entwickle einen Aktionsplan:**
   - Formuliere konkrete Maßnahmen, um die identifizierten Schwachstellen zu verbessern. Setze dir realistische, aber ambitionierte Ziele und erstelle einen Zeitplan für die Umsetzung. Du bist der Architekt deines eigenen Erfolgs!

3. **Überwache den Fortschritt:**
   - Setze regelmäßige Überprüfungen an, um den Fortschritt zu messen und bei Bedarf Anpassungen vorzunehmen. Nutze Feedbackschleifen, um sicherzustellen, dass die Maßnahmen effektiv sind. Bleib dran und passe deinen Plan an, wenn nötig.

4. **Kommuniziere mit deinem Umfeld:**
   - Teile deine Erkenntnisse und Ideen mit den richtigen Ansprechpartnern in deinem Arbeitsumfeld – etwa mit Vorgesetzten oder der Personalabteilung. So kannst du gezielt Unterstützung erhalten und gemeinsam konkrete nächste Schritte planen. Der Weg zur Veränderung gelingt am besten, wenn du sie nicht allein gehst.

Noch einmal zur Bekräftigung: Dein berufliches Glück und dein Erfolg liegen in deinen Händen. Jetzt ist es an der Zeit, aktiv zu werden und positive Veränderungen herbeizuführen. Nutze diese Gelegenheit, um deine berufliche Zufriedenheit zu steigern und dein volles Potenzial zu entfalten. Du hast die Fähigkeit, dein berufliches Leben zu transformieren – pack es an!

Entdecke Deine wahren Werte!

> Der erste Schritt zu einem erfüllten Leben!

Was sind Werte?

Werte sind die grundlegenden Überzeugungen und Prinzipien, die unser Verhalten, unsere Entscheidungen und unsere Wahrnehmung der Welt leiten. Sie sind die tief verwurzelten Ideale, die uns sagen, was richtig und falsch, wichtig und unwichtig ist. Werte können beispielsweise Dinge wie Ehrlichkeit, Freiheit, Mitgefühl, Loyalität und Kreativität umfassen. Sie sind der innere Kompass, der uns hilft, den Kurs in unserem Leben zu bestimmen.

Warum ist man zufriedener, wenn man seine Werte kennt und nach ihnen lebt?

Das Leben im Einklang mit den eigenen Werten führt zu größerer Zufriedenheit und Wohlbefinden. Studien zeigen, dass Menschen, die im Einklang mit ihren persönlichen Überzeugungen leben, seltener unter inneren Konflikten leiden und insgesamt zufriedener sind:

1. **Erhöhte Selbstbestimmung und Autonomie:**
   Menschen, die nach ihren Werten leben, erleben ein höheres Maß an Selbstbestimmung. Sie haben das Gefühl, ihr Leben sei unter Kontrolle und sie können Entscheidungen treffen, die wirklich zu ihnen passen. Eine Studie von Deci und Ryan (2000) zur Selbstbestimmungstheorie zeigt beispielsweise, dass Autonomie ein grundlegendes menschliches Bedürfnis ist, dessen Erfüllung zu höherer Lebenszufriedenheit und psychischem Wohlbefinden führt.

2. **Kohärenz und Klarheit:**
   Wenn du deine Werte kennst, bringt die Klarheit und Kohärenz in dein Leben. Du weißt, was du willst, und warum du es willst. Dies reduziert die kognitive Dissonanz – den Stress, der entsteht, wenn du im Widerspruch zu deinen Überzeugungen handelst. Schwartz (2012) betont in seiner Arbeit zur Theorie der grundlegenden menschlichen Werte, dass das Wissen um die eigenen Werte und deren Übereinstimmung mit dem eigenen Verhalten zu einem kohärenten Selbstbild beiträgt und somit das Wohlbefinden steigert.

3. **Bessere Entscheidungsfindung:**
   Werte dienen als Leitlinien für Entscheidungen. Wenn du deine Werte kennst, kannst du leichter Entscheidungen treffen, die langfristig zu deinem Wohlbefinden beitragen. Eine Studie von Sheldon und Kasser

(1995) zeigt, dass Entscheidungen, die auf intrinsischen Werten basieren, wie persönlichem Wachstum und Beziehungsorientierung, zu höherer Lebenszufriedenheit führen als solche, die auf extrinsischen Werten wie Geld und Ruhm basieren.

4. **Stärkere Resilienz:**
Das Leben nach den eigenen Werten macht uns widerstandsfähiger gegenüber den Herausforderungen des Lebens. Wenn du weißt, wofür du stehst, kannst du besser mit Rückschlägen umgehen und dich schneller erholen. Eine Untersuchung von Park, Peterson und Seligman (2004) über die Rolle von Charakterstärken und Tugenden zeigt, dass Menschen, die ihre Werte leben, in Krisenzeiten widerstandsfähiger sind und schneller zu einem Zustand des Wohlbefindens zurückkehren.

5. **Erfüllung und Lebenssinn:**
Das Leben nach den eigenen Werten gibt dem Leben Bedeutung und Zweck. Viktor Frankl (2006) in seiner Theorie der Logotherapie betont, dass es ein zentraler Faktor für das menschliche Wohlbefinden ist, den Sinn im Leben zu finden. Wenn du nach deinen Werten lebst, fühlst du dich erfüllt und siehst einen klaren Sinn in deinem Dasein.

Fazit

Nach den eigenen Werten zu leben ist keine abstrakte Idee – es ist eine kraftvolle Praxis, die wissenschaftlich gut belegt ist. Wer seine Werte kennt und ihnen im Alltag folgt, trifft klarere Entscheidungen, geht gelassener mit Herausforderungen um und empfindet mehr Sinn in seinem Leben. Studien zeigen, dass dieses Leben im Einklang mit den eigenen Überzeugungen die Zufriedenheit steigert, die Resilienz stärkt und zu mehr innerer Stabilität führt. Es ist ein Weg zu mehr Authentizität – und letztlich zu einem erfüllten und glücklichen Leben.

Ignoranz der eigenen Werte: Das sind die Konsequenzen

Warum es Zeit ist, dein wahres Ich zu leben!

Stell dir vor, du versuchst, durch einen dichten Wald ohne Kompass zu navigieren. Du fühlst dich verloren, verwirrt und ständig auf der falschen Spur. Das ist genau das, was passiert, wenn du deine Werte ignorierst. Deine Werte sind dein innerer Kompass, und ohne sie bist du verloren. Es ist Zeit, dein wahres Ich zu leben und die Konsequenzen zu verstehen, die entstehen, wenn du diesen Kompass beiseiteschiebst.

1. **Innere Konflikte und kognitive Dissonanz:**
   Wenn du gegen deine Werte handelst, fühlst du dich innerlich zerrissen und erlebst kognitive Dissonanz – diesen intensiven mentalen Stress, der entsteht, wenn dein Verhalten nicht mit deinen Überzeugungen übereinstimmt. Dieser Konflikt zermürbt dich und raubt dir die Energie.

   Um das Beispiel mit dem dichten Wald noch einmal aufzugreifen, durch den du ohne Orientierung hindurchlaufen musst: Du schlägst dich durch das Gestrüpp, weichst Hindernissen aus, aber hast ständig das Gefühl, dich zu verlaufen. Jeder Schritt in eine falsche Richtung bringt dich weiter weg von deinem eigentlichen Ziel. Genau so fühlt es sich an, wenn du etwas tust, das nicht mit deinen Werten übereinstimmt – du verlierst die Orientierung und kämpfst ständig gegen ein inneres Unbehagen an.

2. **Verringerte Selbstachtung und Selbstwertgefühl:**
   Das ständige Ignorieren deiner Werte führt zu einem schwachen Selbstwertgefühl. Du beginnst, dich selbst weniger zu respektieren, weil du nicht nach dem lebst, was du für richtig hältst.

Du weißt genau, welche Richtung du in diesem dichten Wald eigentlich einschlagen müsstest – aber du ignorierst deinen inneren Kompass immer wieder. Mit jedem Schritt in die falsche Richtung verlierst du das Vertrauen in dich selbst. Irgendwann zweifelst du daran, ob du überhaupt dazu fähig bist, den Weg zu finden. Genauso nagt es an deinem Selbstwert, wenn du regelmäßig gegen deine Überzeugungen handelst – du entfernst dich Stück für Stück von dir selbst.Studie: Heine et al. (2006) zeigen, dass Menschen, die nicht nach ihren Werten leben, mehr psychologische Probleme und ein geringeres Selbstwertgefühl haben. Willst du wirklich zu dieser Gruppe gehören?

3. **Erhöhte Stresslevel und Angstzustände:**
   Das Leben gegen deine Überzeugungen verursacht chronischen Stress und Angst. Stell dir vor, du fühlst ständig Druck und Unruhe, weil du nicht im Einklang mit deinem inneren Kompass lebst.

Inmitten des Waldes bist du angespannt, wachsam, immer auf der Hut vor dem nächsten Irrweg. Ohne Orientierung entsteht Dauerstress, weil dein inneres Warnsystem ständig aktiv ist. Genau das passiert auch emotional, wenn du dauerhaft gegen deine Werte lebst: Dein System steht unter Spannung – und das zehrt mit der Zeit an deiner inneren Ruhe.

4. **Unzufriedenheit in Beziehungen:**
   Werte sind das Herzstück jeder Beziehung. Wenn du deine eigenen Werte ignorierst, entstehen Spannungen und Konflikte in deinen Beziehungen. Du fühlst dich unauthentisch und unverstanden.

Stell dir vor, du gehst mit jemandem gemeinsam durch den Wald – aber ihr habt völlig unterschiedliche Vorstellungen davon, wo es langgehen soll. Du weißt eigentlich, welchen Weg du nehmen willst, sagst aber nichts und folgst still dem anderen. Mit der Zeit wächst die Frustration. Du fühlst dich übergangen, vielleicht sogar fehl am Platz. So ähnlich ist es in Beziehungen, wenn du deine eigenen Werte hintenanstellst: Du verlierst dich selbst – und die Verbindung zum anderen wird schwächer.

Studie: *Braithwaite und Law (1985) haben gezeigt, dass Übereinstimmungen in den Werten Schlüssel zu erfüllenden Beziehungen sind. Wenn du deine Werte ignorierst, bringst du Unruhe und Entfremdung in dein soziales Leben.*

5. **Mangel an Lebenssinn und Erfüllung:**
   Deine Werte geben deinem Leben Bedeutung. Wenn du sie ignorierst, fehlt dir dieser Lebenssinn. Du fühlst dich ziellos und leer – und das ist nicht das Leben, das du verdienst.

Es ist, als würdest du durch diesen Wald laufen – Schritt für Schritt, Tag für Tag – aber ohne zu wissen, wohin. Du hast keinen Kompass, kein Ziel, keine Karte. Du suchst nichts Bestimmtes, und gleichzeitig fehlt dir alles. Du läufst nicht, um anzukommen, sondern einfach nur weiter – und genau das macht dich innerlich leer. Ohne deine Werte fehlt dir die Richtung, die Bedeutung hinter deinem Tun. Erst wenn du beginnst, deinem inneren Kompass zu folgen, wird aus dem bloßen Gehen ein bewusst gewählter Weg – einer, der dich erfüllt, weil du weißt, warum du ihn gehst.

Beispiel: *Viktor Frankl hat in seiner Logotherapie betont, dass Sinnfindung zentral für das menschliche Wohlbefinden ist. Wenn du deine Werte ignorierst, verwehrst du dir selbst den Sinn des Lebens.*

6. **Gesundheitliche Auswirkungen:**
Langfristiges Ignorieren deiner Werte kann zu ernsthaften gesundheitlichen Problemen führen. Chronischer Stress und innere Konflikte schwächen dein Immunsystem und erhöhen das Risiko für Krankheiten.

Du hast auf deinem Weg durch den Wald nicht genug Nahrung dabei, der Wasservorrat geht zur Neige, und irgendwann trittst du unachtsam auf einen losen Ast, verknackst dir den Fuß. Doch anstatt stehen zu bleiben und auf dich zu achten, läufst du weiter – getrieben, orientierungslos, erschöpft. Genau das passiert, wenn du deine eigenen Werte dauerhaft ignorierst: Dein Körper sendet Warnsignale, aber du übergehst sie. Die Folge ist nicht nur mentale Erschöpfung, sondern auch physische Belastung – ein System, das auf Dauer krank macht.

Studie: *Cohen et al. (2007) haben gezeigt, dass chronischer Stress durch innere Konflikte das Immunsystem beeinträchtigt und das Risiko für Krankheiten erhöht. Dein Körper leidet, wenn du nicht nach deinen Werten lebst.*

Fazit

Es ist an der Zeit, dein Leben zurückzuerobern! Indem du deine Werte kennst und lebst, stärkst du dein Selbstwertgefühl, reduzierst Stress, verbesserst deine Beziehungen und hast eine klare Ausrichtung. Es geht nicht nur darum, was du tust, sondern warum du es tust. Deine Werte sind ein Schlüssel zu einem erfüllten, authentischen und glücklichen Leben.

Erkenne deine Werte und respektiere sie. Sie sind nicht nur Worte auf einem Papier – sie sind die Essenz deines Seins. Lebe deine Werte, und du wirst feststellen, dass das Leben nicht nur erträglich, sondern auch erfüllend und aufregend ist. Du hast die Macht, dein Leben zu gestalten. Greif nach dieser Macht und lebe dein wahres Ich. Die Welt wartet auf das Beste von dir – gib es ihr!

Beginne Dein Abenteuer: Arbeite mit Deinen Werten und entfessle Dein Potenzial

Stell dir vor, du stehst an der Schwelle zu einem neuen Kapitel deines Lebens – einem Kapitel voller Klarheit, Zielstrebigkeit und unerschütterlicher innerer Stärke. Genau das erwartet dich, wenn du dich auf die Reise begibst, mit deinen eigenen Werten zu arbeiten. Deine Werte sind der Schlüssel zu deinem authentischen Selbst und der Kompass, der dich zu einem erfüllten und bedeutungsvollen Leben führt.

Heute ist der Tag, an dem du die Entscheidung triffst, dich selbst auf eine tiefere Ebene kennenzulernen. Erkenne, was dir wirklich wichtig ist und was dich antreibt. Wenn du deine Werte klar definierst und nach ihnen lebst, öffnest du die Tür zu unendlichen Möglichkeiten und einem Leben, das im Einklang mit deinem wahren Ich steht.

Nimm dir Zeit, um deine innersten Überzeugungen zu erkunden. Schreibe sie auf, reflektiere darüber und priorisiere sie. Sei dabei mutig und ehrlich zu dir selbst. Diese Klarheit wird dir helfen, Entscheidungen zu treffen, die wirklich zu dir passen und dich auf den Weg zu deinem höchsten Potenzial bringen.

Denke daran: Deine Werte sind deine Superkraft. Sie geben dir die Richtung, die du brauchst, um Hindernisse zu überwinden und dein bestes Leben zu leben. Indem du deine Werte lebst, wirst du authentischer, selbstbewusster und erfüllter. Du wirst zu der Person, die du immer sein solltest.

Lass uns gemeinsam diese Reise beginnen. Heute ist der perfekte Tag, um den ersten Schritt zu machen und dein Leben nach deinen eigenen Regeln zu gestalten. Die Welt wartet auf das Beste von dir – mach dich bereit, es zu entfesseln!

Praxisteil

Der erste Schritt zu einem erfüllten Leben

Liste Deine Werte auf: Jetzt ist es an der Zeit, dir über deine Werte Klarheit zu verschaffen.

Nimm dir ein paar Post-its oder kleine Blätter und fang an, alle Werte aufzuschreiben, die dir in den Sinn kommen. Aber halte dich nicht zurück! Sei dabei radikal ehrlich und authentisch zu dir selbst. Das ist deine Gelegenheit, tief in dich hineinzuschauen und die Eigenschaften und Überzeugungen zu identifizieren, die dir wirklich am Herzen liegen.

Um dir den Einstieg zu erleichtern, denke an die Menschen, die dir nahe stehen – was schätzt du an deinem besten Freund oder deiner besten Freundin? Vielleicht ist es ihre unerschütterliche Ehrlichkeit, ihre Loyalität oder ihre unendliche Kreativität? Nutze diese Reflexion als Sprungbrett, um Klarheit über deine eigenen Werte zu gewinnen.

Sei mutig und schreibe alles auf, was dir einfällt. Lass keinen Wert außen vor, egal wie klein oder groß sie dir erscheint. Das Ziel ist es, ein umfassendes Bild deiner inneren Landkarte zu zeichnen.

Reflexionsfragen, die dich leiten können: Um deine wichtigsten Werte wirklich greifbar zu machen, hilft es, tief in deine Erfahrungen und Gefühle einzutauchen. Die folgenden Fragen unterstützen dich dabei, herauszufinden, was dich wirklich bewegt – und was deinem Leben Richtung und Bedeutung gibt.

- Was sind die Eigenschaften, die du an dir selbst bewunderst?
- Welche Verhaltensweisen und Überzeugungen inspirieren dich bei anderen?

- In welchen Momenten fühlst du dich am lebendigsten und authentischsten?

Diese Reflexion hilft dir, eine solide Grundlage zu schaffen. Wenn du ehrlich mit dir selbst bist und deine wahren Werte identifizierst, hast du einen mächtigen Leitfaden, der dich auf deinem Lebensweg unterstützt.

Beispielhafte Werte, die dir Orientierung geben können:

- **Authentizität:** Du selbst sein – ohne Maske, ohne Kompromisse.
- **Mut:** Deinen eigenen Weg gehen, auch wenn er unbequem ist.
- **Freiheit:** Entscheidungen treffen, die wirklich zu dir passen.
- **Verantwortung:** Für dein Handeln einstehen – bewusst und kraftvoll.
- **Vertrauen:** In dich selbst, in andere und in das Leben.
- **Loyalität:** Verlässlichkeit und Treue, gerade in stürmischen Zeiten.
- **Kreativität:** Neues erschaffen und Grenzen im Denken überwinden.
- **Liebe:** Tiefe Verbundenheit – zu Menschen, Projekten, Ideen.
- **Dankbarkeit:** Den Wert kleiner und großer Momente erkennen.
- **Wachstum:** Jeden Tag ein Stück über dich hinauswachsen.
- **Solidarität:** Zusammenhalt spüren und gemeinsam Stärke entwickeln.
- **Gerechtigkeit:** Für Fairness eintreten – für dich und für andere.
- **Selbstbestimmung:** Dein Leben aktiv und bewusst gestalten.
- **Achtsamkeit:** Den Moment bewusst wahrnehmen und gestalten.
- **Hingabe:** Dich mit Leidenschaft und ganzem Herzen einbringen.
- **Neugier:** Die Welt mit offenen Augen entdecken.
- **Zuverlässigkeit:** Ein Fels sein – für andere und für dich selbst.

- **Weisheit:** Lernen, reflektieren und mit Weitblick handeln.
- **Optimismus:** Die Kraft, auch im Schweren Chancen zu sehen.
- **Nachhaltigkeit:** Bewusst leben – für heute und morgen.
- **Resilienz:** Rückschläge nicht nur überstehen, sondern daran wachsen.
- **Toleranz:** Vielfalt schätzen und Anderssein als Bereicherung sehen.
- **Selbstachtung:** Deinen eigenen Wert kennen und achten.
- **Besonnenheit:** Klug handeln – mit Herz und Verstand.
- **Gemeinschaft:** Teil eines Ganzen sein und gemeinsam mehr erreichen.
- **Veränderungsbereitschaft:** Den Mut haben, Neues zuzulassen.
- **Harmonie:** Balance finden – in dir und im Miteinander.
- **Effizienz:** Mit klarem Fokus und Struktur ins Ziel kommen.
- **Bildung:** Wissen vertiefen und Horizonte erweitern.
- **Gesundheitsbewusstsein:** Deinen Körper und Geist pflegen.
- **Tatkraft:** Nicht nur träumen, sondern auch handeln.

Deine Werte – Dein Leben

Indem du deine Werte identifizierst, legst du den Grundstein für ein Leben voller Erfüllung und Sinn. Diese Werte werden dir als Kompass dienen, der dich in allen Entscheidungen und Handlungen leitet. Also nimm dir die Zeit, sei ehrlich und entdecke, was dir wirklich wichtig ist. Du wirst überrascht sein, wie sehr diese Klarheit dein Leben transformieren kann.

Priorisiere Deine Werte!

Jetzt, da du deine wichtigsten Werte gesammelt hast, wird es Zeit, ihnen eine Reihenfolge zu geben. Stell dir vor, du hast einen inneren Kompass – und jede Nadel zeigt auf einen anderen Wert. Doch welche Richtung willst du wirklich zuerst einschlagen?

Indem du deine Werte priorisierst, findest du heraus, welche Überzeugungen dein Leben am stärksten prägen und welche dir besonders am Herzen liegen. Vielleicht fällt dir auf, dass Freiheit für dich unverzichtbar ist – noch vor Sicherheit oder Erfolg. Oder dass Ehrlichkeit für dich schwerer wiegt als Anerkennung.

Nimm dir Zeit, genau hinzuspüren. Es geht nicht darum, etwas „richtig" zu machen, sondern darum, dein ganz eigenes Wertesystem sichtbar zu machen. Lass uns jetzt gemeinsam herausfinden, welche Werte für dich die klare Richtung vorgeben.

Schritt 1. Ordne Deine Werte von 1 bis X

Nimm dir deine Post-its oder die Liste, die du erstellt hast, und beginne, deine Werte von 1 bis X zu ordnen. Dabei steht 1 für den wichtigsten Wert, der absolute Grundpfeiler deines Lebens, und X für den Wert, der zwar bedeutend ist, aber im Vergleich zu den anderen weniger zentral.

Aber hier ist der Clou: Jede Zahl/Position darf nur für einen einzigen Wert stehen. Das bedeutet, dass du dich wirklich mit deinen Werten auseinandersetzen und klare Entscheidungen treffen musst. Es geht darum, die Reihenfolge zu finden, die deine tiefsten Überzeugungen und Prioritäten am besten widerspiegelt.

Schritt 2. Vergleiche Deine Werte Miteinander

Um die Reihenfolge festzulegen, ist es hilfreich, die Werte direkt miteinander zu vergleichen. Hier sind einige beispielhafte Fragen, die dir dabei helfen können:

- Ist Ehrlichkeit wichtiger für mich als Loyalität?
- Würde ich Freiheit vor Sicherheit stellen?
- Ist Mitgefühl zentraler für mich als Kreativität?

Durch diesen Prozess zwingst du dich, wirklich darüber nachzudenken, was dir am wichtigsten ist. Stell dir vor, du musst dich in einer kritischen Situation zwischen zwei Werten entscheiden – welcher Wert würde überwiegen? Diese Art der Reflexion hilft dir, eine klare Rangordnung zu erstellen.

Schritt 3. Finde deine wichtigsten Werte

Am Ende dieses Prozesses solltest du eine klare, numerische Liste deiner Werte haben. Das sind die Werte, die dein Leben am stärksten bestimmen und dir als Leitfaden dienen. Diese Priorisierung gibt dir Klarheit und hilft dir, in allen Bereichen deines Lebens Entscheidungen zu treffen, die wirklich mit deinem innersten Selbst übereinstimmen.

Ein Beispiel

1. **Freiheit.**
2. **Ehrlichkeit.**
3. **Mitgefühl.**
4. **Wachstum.**
5. **Kreativität.**
6. **Sicherheit.**
7. **Abenteuer.**

Diese Priorisierung deiner Werte ist wie ein persönlicher Kompass, der dir hilft, in jeder Lebenslage den richtigen Kurs zu halten. Sie gibt dir Klarheit und Ausrichtung, sodass du Entscheidungen treffen kannst, die im Einklang mit deinen tiefsten Überzeugungen stehen.

Mach dir keine Sorgen, wenn dieser Prozess herausfordernd ist – das ist völlig normal. Es geht darum, in dich hineinzuhorchen und die Wahrheit deines Herzens zu entdecken. Sobald du deine Werte priorisiert hast, wirst du eine tiefere Klarheit und ein stärkeres Gefühl der Ausrichtung in deinem Leben spüren. Nutze diese Kraft, um dein Leben nach deinen eigenen Regeln zu gestalten und deine Träume zu verwirklichen.

Erforsche Deine Top-Werte: Der Weg zu Deinem authentischsten Selbst

Jetzt, da du deine Werte priorisiert hast, ist es an der Zeit, noch tiefer zu gehen. Lass uns deine drei wichtigsten Werte genauer unter die Lupe nehmen. Was bedeuten diese Werte wirklich für dich? Wie lebst du sie derzeit? Und was müsste passieren, damit du sie voll ausleben kannst?

Erforsche Deine Top-Werte!

1. Was bedeuten deine drei wichtigsten Werte für dich?

Nimm dir einen Moment Zeit und denke über die Bedeutung jedes deiner drei wichtigsten Werte nach. Schreibe detailliert auf, was jeder dieser Werte für dich bedeutet. Sei dabei so spezifisch wie möglich.

Beispiele

- Freiheit: Freiheit bedeutet für mich, die Autonomie zu haben, mein Leben nach meinen eigenen Vorstellungen zu gestalten. Es geht darum, Entscheidungen treffen zu können, ohne durch äußere Zwänge eingeschränkt zu sein. Freiheit ist die Essenz meiner Selbstbestimmung und Unabhängigkeit.
  Ein Beispiel dafür ist meine Entscheidung, den sicheren Angestelltenjob zu verlassen, um mein eigenes Unternehmen zu gründen – auch wenn das Risiko hoch war.

- Ehrlichkeit: Ehrlichkeit steht für Transparenz, Integrität und Authentizität. Es bedeutet, immer die Wahrheit zu sagen und sich selbst und anderen gegenüber aufrichtig zu sein. Ehrlichkeit ist die Basis für Vertrauen und echte Beziehungen in meinem Leben.
  Ein Beispiel ist ein Gespräch mit einem engen Freund, in dem ich offen über meine Zweifel gesprochen habe, statt den Schein von Stärke aufrechtzuerhalten.

- Mitgefühl: Mitgefühl bedeutet für mich, die Gefühle und Bedürfnisse anderer tief zu verstehen und ihnen mit Empathie zu begegnen. Es geht darum, Unterstützung zu bieten und in schwierigen Zeiten für andere da zu sein. Mitgefühl ist das Herz meiner sozialen Interaktionen.
  Ein Beispiel dafür ist, dass ich mir bewusst Zeit genommen habe, einer Kollegin zuzuhören, die privat eine schwere Phase durchmachte, obwohl der Arbeitsalltag eigentlich stressig war.

2. Wie lebst du diese Werte derzeit?

Jetzt, wo du die Bedeutung deiner Top-Werte klar hast, reflektiere darüber, wie du diese Werte derzeit in deinem Leben lebst. Sei dabei ehrlich zu dir selbst. Welche Bereiche deines Lebens spiegeln diese Werte wider und welche nicht?

- **Freiheit:** Derzeit habe ich in meinem Beruf eine gewisse Freiheit, aber oft fühle ich mich durch finanzielle Verpflichtungen und zeitliche Einschränkungen eingeschränkt. In meinem persönlichen Leben treffe ich bewusste Entscheidungen, die meine Unabhängigkeit fördern.
  Zum Beispiel plane ich bewusst Reisen außerhalb der Urlaubszeiten, um flexibler zu sein, auch wenn das organisatorisch mehr Aufwand bedeutet.

- **Ehrlichkeit:** Ich bemühe mich, in meinen Beziehungen ehrlich zu sein und offen zu kommunizieren. Allerdings gibt es Situationen, in denen ich aus Angst vor Konflikten oder Ablehnung Kompromisse eingehe.
  Ein konkretes Beispiel ist ein Gespräch im Teammeeting, bei dem ich Bedenken hatte, sie aber nicht klar ausgesprochen habe, um keine Unruhe auszulösen.

- **Mitgefühl:** Ich zeige Mitgefühl in meinen Beziehungen zu Familie und Freunden und engagiere mich in ehrenamtlichen Tätigkeiten. Dennoch merke ich, dass ich manchmal nicht genug Zeit oder Energie habe, um jedem gerecht zu werden.
  So hatte ich kürzlich ein schlechtes Gewissen, weil ich eine Freundin in einer schwierigen Phase nicht so oft anrufen konnte, wie ich es gerne getan hätte.

3. **Was müsste passieren, damit du diese Werte voll ausleben kannst?**

Überlege nun, welche Veränderungen notwendig wären, um diese Werte vollständig oder verstärkt in deinem Leben zu integrieren. Was musst du tun, um deine Werte in vollem Umfang zu leben?

- **Freiheit:** Um meine Freiheit voll auszuleben, müsste ich einen konkreten Plan entwickeln, um finanzielle Unabhängigkeit zu erreichen. Das könnte bedeuten, neue Einkommensquellen zu erschließen oder mein Budget zu optimieren. Außerdem könnte ich flexiblere Arbeitsmodelle in Betracht ziehen, die mir mehr Zeit für persönliche Projekte lassen.

Ein Beispiel wäre, ein eigenes kleines Projekt neben dem Hauptjob aufzubauen, etwa eine freiberufliche Tätigkeit, die langfristig mehr finanzielle und zeitliche Spielräume schafft.

- Ehrlichkeit: Um Ehrlichkeit voll zu leben, müsste ich an meinem Selbstvertrauen arbeiten und lernen, auch in schwierigen Situationen offen und ehrlich zu kommunizieren. Das könnte bedeuten, Kommunikationsstrategien zu entwickeln, die es mir ermöglichen, meine Wahrheit klar und respektvoll zu äußern.

Ein Beispiel wäre, mir vor wichtigen Gesprächen bewusst zu machen, was ich wirklich sagen möchte, und kleine Schritte zu üben – etwa in einem Feedbackgespräch im Büro ehrlich anzusprechen, wenn etwas für mich nicht stimmig war.

- Mitgefühl: Um Mitgefühl voll auszuleben, müsste ich bewusster Zeit für meine sozialen Beziehungen einplanen und Techniken zur Selbstfürsorge entwickeln, um emotional ausgeglichener zu sein. Es könnte auch hilfreich sein, Grenzen zu setzen, um sicherzustellen, dass ich nicht ausbrenne und weiterhin authentisches Mitgefühl zeigen kann.

Ein Beispiel dafür wäre, feste Zeiten in der Woche für Familie und Freunde einzuplanen und gleichzeitig bewusst Auszeiten für mich selbst zu schaffen, etwa durch Meditation oder kleine Ruhepausen im Alltag.

Fazit

Deine Top-Werte sind die Kernprinzipien, die dein Leben leiten und formen. Indem du ihre Bedeutung klar verstehst, reflektierst, wie du sie derzeit lebst, und überlegst, was du ändern musst, um sie voll auszuleben, schaffst du eine starke Grundlage für ein erfülltes und authentisches Leben.

Dieser Prozess der Selbstentdeckung ist kraftvoll und transformativ. Er gibt dir die Klarheit und den Mut, dein Leben nach deinen tiefsten Überzeugungen zu gestalten. Ergreife die Chance, deine Werte zu leben und ein Leben zu führen, das wirklich deinen innersten Überzeugungen entspricht. Das ist der Weg zu deinem authentischsten Selbst – ein Weg, der dich zu einem erfüllten, bedeutungsvollen und glücklichen Leben führt.

Die Kraft Deiner Gewohnheiten

Entfessle Dein Potenzial durch bewusste Veränderungen!

Gewohnheiten sind wie unsichtbare Architekten deines Lebens. Sie bestimmen, wie du denkst, wie du handelst und letztlich auch, wer du wirst. Jede kleine Handlung – bewusst oder unbewusst – legt einen weiteren Stein auf dem Weg, den du gehst. Wenn du deine Gewohnheiten gezielt formst, kannst du deine Energie, deine Gesundheit und deine innere Stärke entscheidend beeinflussen.

Stell dir vor, du baust Stück für Stück das Fundament für ein Leben, das wirklich zu dir passt: erfüllter, kraftvoller, widerstandsfähiger. Genau darum geht es jetzt. Lass uns gemeinsam tiefer eintauchen und die Schlüsselbereiche entdecken, die maßgeblich von deinen täglichen Gewohnheiten geprägt werden: dein Körper (physisch), dein Denken (gedanklich), dein inneres Erleben in der Kombination (psychosomatisch) – und darüber hinaus dein gesamtes Lebensgefühl.

Physische Gewohnheiten: Der Grundstein Deiner Gesundheit

Deine physischen Gewohnheiten sind der Grundstein für deine Gesundheit und dein Wohlbefinden. Sie bestimmen, wie du dich fühlst, wie viel Energie du hast und wie gut dein Körper funktioniert.

- Bewegung: Regelmäßige Bewegung stärkt deinen Körper, verbessert deine Fitness und erhöht deine Lebensqualität. Finde eine Aktivität, die dir Spaß macht, sei es Laufen, Yoga, Tanzen oder Krafttraining, und integriere sie in deinen Alltag.

- Ernährung: Eine ausgewogene Ernährung versorgt deinen Körper mit den notwendigen Nährstoffen. Achte auf eine abwechslungsreiche, vollwertige Ernährung und vermeide übermäßigen Konsum von Zucker und verarbeiteten Lebensmitteln.

- Schlaf: Ausreichender und erholsamer Schlaf ist unerlässlich für deine körperliche und mentale Gesundheit. Schaffe eine Schlafroutine, die dir hilft, jede Nacht genügend Ruhe zu finden.

Die Macht der gedanklichen Gewohnheiten

Stell dir vor, du hast die Fähigkeit, jeden Aspekt deines Lebens zu formen und zu gestalten. Deine gedanklichen Gewohnheiten sind der Schlüssel dazu! Diese Denkmuster und Überzeugungen, die du täglich wiederholst, sind wie die Software deines Geistes, die steuert, wie du auf die Welt reagierst und sie wahrnimmst. Lass uns tief in das Konzept der gedanklichen Gewohnheiten eintauchen und entdecken, wie sie dein Leben beeinflussen und wie du sie zu deinem Vorteil nutzen kannst.

Eigenschaften von gedanklichen Gewohnheiten:

Wiederkehrend und automatisch: Gedankliche Gewohnheiten sind die wiederkehrenden Gedanken, die automatisch in deinem Kopf ablaufen, oft ohne, dass du es bemerkst. Sie sind wie der Autopilot deines Gehirns, der dir hilft, durch den Alltag zu navigieren. Diese automatischen Gedanken können sowohl positiv als auch negativ sein und haben einen tiefgreifenden Einfluss auf dein Leben.

> *Beispiel:* Vielleicht ertappst du dich morgens immer wieder bei dem Gedanken „Ich schaffe das sowieso nicht", bevor du überhaupt richtig in den Tag startest. Ohne bewusstes Hinterfragen wird dieser Gedanke zu einer stillen Grundmelodie, die deine Stimmung und dein Verhalten lenkt.

Tief verwurzelt: Diese Denkmuster sind tief in deinem Unterbewusstsein verankert und wurden über Jahre hinweg durch wiederholte Erfahrungen und Überzeugungen aufgebaut. Sie sind die Brille, durch die du die Welt siehst, und sie formen deine grundlegende Sichtweise auf dich selbst, andere und das Leben.

> *Beispiel:* Wenn du in deiner Kindheit oft gehört hast, dass man sich Anerkennung hart verdienen muss, könnte sich daraus die feste Überzeugung entwickelt haben, dass du nie gut genug bist – egal, wie viel du leistest.

Einflussreich: Gedankliche Gewohnheiten bestimmen deine Emotionen, dein Verhalten und sogar deine körperliche Gesundheit. Positive gedankliche Gewohnheiten können dir helfen, ein erfülltes und glückliches Leben zu führen, während negative Denkmuster Stress, Angst und Selbstzweifel hervorrufen können.

Beispiel: Wenn du dir angewöhnt hast, nach Fehlern nicht in Selbstkritik zu versinken, sondern zu denken „Das ist eine Chance, etwas zu lernen", reagierst du auf Rückschläge entspannter und gehst gestärkt daraus hervor – was langfristig auch deine Gesundheit schützt.

Beispiele für gedankliche Gewohnheiten:

Beispiel

Positive Gedankengewohnheiten:

- Optimismus: Du siehst die Chancen in jeder Herausforderung und glaubst daran, dass gute Dinge passieren werden.
- Dankbarkeit: Du fokussierst dich auf das, wofür du dankbar bist, und stärkst so deine Zufriedenheit und dein Wohlbefinden.
- Selbstvertrauen: Du glaubst an deine Fähigkeiten und vertraust darauf, dass du jede Herausforderung meistern kannst.

Negative Gedankengewohnheiten:

- Katastrophisieren: Du erwartest immer das Schlimmste und siehst in jeder Situation eine potenzielle Katastrophe.
- Selbstkritik: Du bist dein schärfster Kritiker und hinterfragst ständig deinen Wert und deine Fähigkeiten.
- Generalisation: Eine negative Erfahrung wird auf alle ähnlichen Situationen übertragen (z. B. „Ich scheitere immer").

Die Entstehung gedanklicher Gewohnheiten

Gedankliche Gewohnheiten entstehen nicht über Nacht – sie entwickeln sich schrittweise durch wiederholte Erfahrungen und die Art und Weise, wie du diese Erlebnisse bewertest und abspeicherst. Immer dann, wenn du ähnliche Situationen wieder und wieder erlebst und sie auf eine bestimmte Weise interpretierst, verankert dein Gehirn diese Reaktion als eine Art „schnellen Weg", um Energie zu sparen und schneller Entscheidungen zu treffen.

Deine Erziehung legt dabei oft den ersten Grundstein: Wenn du als Kind zum Beispiel für Fehler kritisiert wurdest, kann sich das Denkmuster „Ich darf keine Fehler machen" tief einprägen. Kulturelle Einflüsse – etwa gesellschaftliche Erwartungen an Erfolg oder Verhalten – verstärken bestimmte Gedanken noch weiter. Auch persönliche Erlebnisse, wie Erfolge oder Enttäuschungen, prägen deine gedanklichen Muster: Wenn du häufig erlebt hast, dass sich Anstrengung auszahlt, verfestigt sich vielleicht der Glaube „Durch Einsatz kann ich alles erreichen."

Diese wiederholten Erfahrungen verdichten sich zu neuronalen Autobahnen in deinem Gehirn – schnell, automatisch und unbewusst. In ähnlichen Situationen greift dein Gehirn dann bevorzugt auf diese gespeicherten Muster zurück. Das spart kurzfristig Energie, kann dich aber langfristig auch blockieren, wenn diese Gewohnheiten negativ oder einschränkend sind.

Warum sind gedankliche Gewohnheiten wichtig?

Gedankliche Gewohnheiten sind der Treibstoff, der deine innere Maschine antreibt. Sie bestimmen, wie du auf Herausforderungen reagierst, wie du Beziehungen pflegst und wie du dein Leben wahrnimmst. Indem du deine gedanklichen Gewohnheiten erkennst und positiv veränderst, kannst du dein Leben radikal verbessern.

- Einfluss auf Emotionen: Deine Gedanken erzeugen Emotionen. Positive Gedanken führen zu Freude und Zufriedenheit, während negative Gedanken Angst und Stress hervorrufen können.

- Verhaltenssteuerung: Deine Gedanken beeinflussen deine Handlungen. Glaubst du an deinen Erfolg, wirst du eher bereit sein, Risiken einzugehen und proaktive Schritte zu unternehmen.

- Gesundheitliche Auswirkungen: Deine gedanklichen Gewohnheiten haben auch physische Auswirkungen. Stressige Gedanken können deinen Cortisolspiegel erhöhen und zu gesundheitlichen Problemen führen, während positive Gedanken dein Immunsystem stärken und dein allgemeines Wohlbefinden fördern.

> **Fazit**
>
> Gedankliche Gewohnheiten sind mächtige Werkzeuge, die du nutzen kannst, um dein Leben zu transformieren. Sie sind die unsichtbare Kraft, die dein Denken, Fühlen und Handeln steuert. Indem du dir dieser Gewohnheiten bewusst wirst und sie aktiv gestaltest, kannst du ein erfülltes, glückliches und erfolgreiches Leben führen. Erkenne die Macht deiner gedanklichen Gewohnheiten und nutze sie, um dein volles Potenzial zu entfesseln. Die Welt wartet auf das Beste von dir – beginne noch heute und forme deine Gedanken, um dein Schicksal zu gestalten!

Praxisteil

Erkenne deine gedanklichen Gewohnheiten: Ein Leitfaden zur Selbstreflexion und Veränderung

Gedankliche Gewohnheiten sind wie stille Begleiter, die uns Tag für Tag auf unseren Wegen folgen – oft, ohne dass wir sie wirklich bemerken. Diese wiederkehrenden Denkmuster steuern, wie wir fühlen, handeln und Entscheidungen treffen. Sie wirken wie ein unsichtbarer Filter, der unsere Wahrnehmung der Welt prägt und letztlich auch bestimmt, wie zufrieden oder belastet wir uns im Alltag fühlen.

Das Gute ist: Sobald du beginnst, diese inneren Abläufe bewusst wahrzunehmen, hältst du den Schlüssel zur Veränderung in der Hand. Denn was du erkennen kannst, kannst du auch gestalten.

In diesem Leitfaden zeige ich dir Schritt für Schritt, wie du deine eigenen gedanklichen Gewohnheiten aufspüren, hinterfragen und verstehen kannst – damit du künftig bewusster denkst, freier handelst und dein Leben aktiv in eine positive Richtung lenkst.

1. **Achtsamkeit und Bewusstheit:** Der erste Schritt, um deine gedanklichen Gewohnheiten zu erkennen, ist die Entwicklung von Achtsamkeit. Achtsamkeit bedeutet, im gegenwärtigen Moment präsent zu sein und deine Gedanken ohne Urteil zu beobachten.

    - **Meditation:** Regelmäßige Meditation kann dir helfen, deine Gedanken zu beobachten und ein tieferes Verständnis für deine Denkmuster zu entwickeln. Setze dich täglich für ein paar Minuten hin, schließe die Augen und beobachte deine Gedanken, ohne auf sie zu reagieren.

- **Achtsamkeit im Alltag:** Übe dich darin, im Alltag achtsam zu sein. Achte darauf, was du denkst, während du einfache Aufgaben erledigst, wie beim Spazierengehen, Geschirrspülen oder Zähneputzen.

2. **Gedankenprotokoll:** Ein Gedankenprotokoll zu führen, ist eine effektive Methode, um deine gedanklichen Gewohnheiten zu erkennen und zu analysieren.

- Schreibe deine Gedanken auf: Nimm dir jeden Tag ein paar Minuten Zeit, um deine Gedanken aufzuschreiben. Setz dich dazu ruhig an einen festen Ort, nimm ein Notizbuch oder eine App, und notiere spontan, was dir durch den Kopf geht – ohne zu bewerten oder zu zensieren. Besonders wichtig: Achte auf Gedanken, die immer wiederkehren oder ähnliche Themen berühren, zum Beispiel Selbstzweifel, Sorgen um die Zukunft oder

- Identifiziere Auslöser: Notiere die Situationen oder Ereignisse, die bestimmte Gedanken auslösen. Dies kann dir helfen, die Zusammenhänge zwischen äußeren Auslösern und deinen inneren Reaktionen zu verstehen.

3. **Reflexion und Selbstanalyse:** Reflexion ist ein mächtiges Werkzeug, um tiefer in deine gedanklichen Gewohnheiten einzutauchen.

- Selbstreflexion: Nimm dir regelmäßig Zeit, um über deine Gedanken nachzudenken. Stelle dir Fragen wie: Welche Gedanken wiederholen sich oft? Welche Gedankenmuster sind negativ oder unproduktiv?

- Feedback von anderen: Manchmal sehen andere Menschen Dinge, die wir selbst nicht bemerken. Bitte vertrauenswürdige Freunde oder Familienmitglieder um ehrliches Feedback zu deinen Denkmustern.

4. **Emotionen als Indikator:** Deine Emotionen sind oft ein Spiegel deiner Gedanken. Negative Emotionen wie Angst, Wut oder Traurigkeit können Hinweise auf negative Denkmuster sein.

- Emotionale Reflexion: Wenn du starke Emotionen fühlst, halte inne und frage dich: Welche Gedanken sind gerade in meinem Kopf? Was denke ich über diese Situation?

- Gefühlstagebuch: Führe ein Tagebuch, in dem du deine täglichen Emotionen und die dazugehörigen Gedanken festhältst. Dies kann dir helfen, Muster zu erkennen und zu verstehen, wie deine Gedanken deine Gefühle beeinflussen.

5. **Erkenne automatische Gedanken:** Automatische Gedanken sind die spontanen, oft unbewussten Gedanken, die auf bestimmte Auslöser folgen. Sie sind ein Schlüssel, um tief verwurzelte Denkmuster zu erkennen.

- Triggerpunkte identifizieren: Achte darauf, welche Situationen oder Personen bestimmte automatische Gedanken hervorrufen. Notiere diese Triggerpunkte und die darauffolgenden Gedanken. Oft reichen kleine Auslöser, wie ein kritischer Kommentar oder ein voller Terminkalender, um alte Denkgewohnheiten in Gang zu setzen. Indem du diese Zusammenhänge erkennst, verstehst du besser, wann und warum bestimmte Gedankenmuster aktiviert werden.

- **Automatische Gedanken hinterfragen:** Wenn du einen automatischen Gedanken bemerkst, stelle ihn infrage. Ist dieser Gedanke wirklich wahr? Gibt es Beweise, die diesen Gedanken widerlegen?

6. **Kognitive Umstrukturierung:** Die kognitive Umstrukturierung ist eine Technik aus der kognitiven Verhaltenstherapie, die dir hilft, negative Denkmuster zu erkennen und zu verändern.

ABC-Modell zur kognitiven Umstrukturierung

Was ist das ABC-Modell?

Das ABC-Modell stammt aus der kognitiven Verhaltenstherapie und wurde von Albert Ellis entwickelt. Es ist ein einfaches, aber effektives Werkzeug, um deine Gedanken zu analysieren und zu verändern. Es besteht aus drei Hauptkomponenten:

1. **A – Activating Event (Auslösendes Ereignis):** Dies ist die Situation oder das Ereignis, das deine Gedanken und Gefühle auslöst.

2. **B – Beliefs (Glaubenssätze):** Dies sind die Gedanken und Überzeugungen, die du über das auslösende Ereignis hast.

3. **C – Consequences (Konsequenzen):** Dies sind die emotionalen und verhaltensmäßigen Reaktionen, die aus deinen Glaubenssätzen resultieren.

Der Prozess der kognitiven Umstrukturierung

Manchmal tragen wir Gedanken in uns, die uns kleinhalten oder unnötig belasten – oft ohne es überhaupt zu merken. Der Schlüssel zur Veränderung liegt darin, diese negativen oder irrationalen Glaubenssätze bewusst zu erkennen und sie Schritt für Schritt durch stärkende, realistische Überzeugungen zu ersetzen.

Dieser Prozess ist wie das behutsame Entwirren eines alten Knotens: geduldig, achtsam und in deinem Tempo. Lass uns gemeinsam die ersten Schritte gehen – hin zu einem Denken, das dich unterstützt, ermutigt und stärkt.

Schritt 1: Identifiziere das auslösende Ereignis (A)
Beginne damit, ein spezifisches Ereignis oder eine Situation zu identifizieren, die negative Emotionen oder Reaktionen in dir hervorruft.

> **Beispiel**
> Ereignis: Du hast eine Präsentation bei der Arbeit und fühlst dich extrem nervös.

Schritt 2: Analysiere deine Glaubenssätze/Gedanken (B)
Schreibe die Gedanken und Überzeugungen auf, die du in Bezug auf das Ereignis hast. Diese Glaubenssätze sind oft automatisch und unbewusst, aber sie beeinflussen stark, wie du dich fühlst und handelst.

> **Beispiel**
> Glaubenssatz: „Ich werde einen Fehler machen und jeder wird denken, dass ich inkompetent bin."

Schritt 3: Erkenne die Konsequenzen (C)

Notiere die emotionalen und verhaltensmäßigen Reaktionen, die aus deinen Glaubenssätzen resultieren. Dies hilft dir zu sehen, wie deine Gedanken dein Leben beeinflussen.

> **Beispiel**
>
> Konsequenzen: Angst, Nervosität, Vermeidung von Präsentationen, vermindertes Selbstvertrauen.

Schritt 4: Hinterfrage und ändere deine Glaubenssätze

Jetzt kommt der transformative Teil. Hinterfrage die Rationalität und die Wahrheit deiner Glaubenssätze und ersetze sie durch positivere und realistischere Gedanken.

> **Beispiel**
>
> Neuer Glaubenssatz: „Es ist normal, nervös zu sein, aber ich habe mich gut vorbereitet und werde mein Bestes geben. Ein Fehler definiert nicht meine Kompetenz."

Schritt 5: Beobachte die neuen Konsequenzen

Reflektiere, wie sich deine neuen Glaubenssätze auf deine Emotionen und Verhaltensweisen auswirken. Du wirst feststellen, dass positive Gedanken zu positiveren Emotionen und Handlungen führen.

> **Beispiel**
>
> Neue Konsequenzen: Weniger Nervosität, mehr Selbstvertrauen, bessere Leistung bei Präsentationen.

Abschluss

Herzlichen Glückwunsch! Du hast den ersten Schritt gemacht, um deine Gedanken und dein Leben zu transformieren. Denke daran, dass Veränderung Zeit braucht und kontinuierliche Anstrengung erfordert. Nutze dieses Buch regelmäßig, um deine Fortschritte zu verfolgen und deine Fähigkeiten zur kognitiven Umstrukturierung zu stärken.

> **Fazit**
>
> Das Bewusstwerden deiner gedanklichen Gewohnheiten ist ein erster, wichtiger Schritt in Richtung persönliches Wachstum und Veränderung. Mit Achtsamkeit, Gedankenprotokollen, Reflexion, emotionaler Analyse, dem Erkennen automatischer Gedanken und der behutsamen Umstrukturierung deiner Denkmuster kannst du nach und nach neue Wege in deinem Denken anlegen.
>
> Dieser Prozess braucht Zeit, Geduld und liebevolle Aufmerksamkeit dir selbst gegenüber. Aber jede kleine Veränderung bringt dich näher an ein Leben, das leichter, freier und erfüllter ist. Du trägst das Potenzial bereits in dir – jetzt geht es nur noch darum, es Schritt für Schritt zu entfalten.

Psychosomatische Gewohnheiten

Die Symbiose von Körper und Geist.

Deine Gewohnheiten zeigen auf kraftvolle Weise, wie eng dein körperliches Wohlbefinden mit deinem mentalen Zustand verbunden ist. Wenn du dich auf physische oder gedankliche Gewohnheiten konzentrierst, hat das immer auch Auswirkungen auf die andere Seite – Körper und Geist sind untrennbar miteinander verbunden. Lass uns erkunden, wie diese gegenseitige Beeinflussung funktioniert und wie du bewusst positive Veränderungen herbeiführen kannst.

Die Verbindung von Körper und Geist.
Es gibt keine Trennung zwischen dem, was du physisch tust, und wie du dich mental fühlst. Jede körperliche Gewohnheit beeinflusst deinen Geist, und jede gedankliche Gewohnheit hat Auswirkungen auf deinen Körper. Das Verständnis dieser Wechselwirkungen ist der Schlüssel zu einem ganzheitlichen Wohlbefinden.

Dein Körper sendet ständig Signale, die dein Denken und Fühlen formen – genauso wie deine Gedanken körperliche Reaktionen hervorrufen können. Wenn du lernst, diese Verbindung bewusst wahrzunehmen und zu gestalten, kannst du nicht nur deine Energie, sondern auch deine innere Balance nachhaltig stärken.

Körperliche Gewohnheiten beeinflussen den Geist: Bewegung und mentale Klarheit: Regelmäßige Bewegung setzt Endorphine frei, die sogenannten Glückshormone, die deine Stimmung verbessern und Stress abbauen. Ein intensives Training oder sogar ein einfacher Spaziergang können deinen Geist klären und dir helfen, negative Gedanken zu vertreiben.

> *Beispiel:* Eine Studie von Babyak et al. (2000) zeigt, dass körperliche Aktivität genauso wirksam sein kann wie Antidepressiva bei der Behandlung von Depressionen. Bewegung hebt nicht nur deine Stimmung, sondern verbessert auch deine geistige Gesundheit nachhaltig.

Ernährung und Gehirnfunktion: Eine ausgewogene Ernährung versorgt nicht nur deinen Körper, sondern auch dein Gehirn mit den notwendigen Nährstoffen. Lebensmittel wie Omega-3-Fettsäuren, Antioxidantien und Vitamine fördern die Gehirnfunktion und verbessern deine kognitive Leistungsfähigkeit.

> **Beispiel:** Eine Studie von Gómez-Pinilla (2008) zeigt, dass eine nährstoffreiche Ernährung die kognitiven Funktionen und die mentale Gesundheit signifikant verbessern kann.

Schlaf und emotionale Stabilität: Ausreichender und erholsamer Schlaf ist entscheidend für die Regeneration deines Körpers und deines Geistes. Schlafmangel kann zu Reizbarkeit, Stress und sogar Depressionen führen.

> **Beispiel:** Laut einer Studie von Walker (2009) kann Schlafmangel die emotionale Reaktionsfähigkeit des Gehirns um bis zu 60 % erhöhen, was zu einer gesteigerten Stress- und Angstanfälligkeit führt.

Gedankliche Gewohnheiten beeinflussen den Körper: Positive Gedanken und eine optimistische Einstellung können deine körperliche Gesundheit verbessern. Sie reduzieren Stresshormone, stärken dein Immunsystem und fördern die Heilung.

> **Beispiel:** Eine Studie von Segerstrom und Sephton (2010) zeigt, dass Optimismus mit einer besseren Immunantwort und einer schnelleren Genesung von Krankheiten verbunden ist.

Achtsamkeit und körperliches Wohlbefinden: Achtsamkeitstechniken wie Meditation können deinen Stresspegel senken, den Blutdruck reduzieren und das allgemeine körperliche Wohlbefinden steigern.

> **Beispiel:** Eine Studie von Carlson et al. (2003) fand heraus, dass Achtsamkeitsmeditation den Cortisolspiegel (ein Stresshormon) signifikant senken und die Lebensqualität verbessern kann.

Selbstgespräche und körperliche Reaktion: Die Art und Weise, wie du mit dir selbst sprichst, kann physische Reaktionen in deinem Körper auslösen. Negative Selbstgespräche können zu erhöhtem Stress und körperlichen Beschwerden führen, während positive Selbstgespräche entspannend wirken und Heilungsprozesse unterstützen.

> **Beispiel:** Eine Studie von Kross et al. (2014) zeigte, dass positive Selbstgespräche die emotionale Kontrolle verbessern und Stressreaktionen im Körper reduzieren können.

> **Fazit**
>
> Deine körperlichen und gedanklichen Gewohnheiten sind wie zwei Seiten einer Medaille – sie wirken untrennbar zusammen und prägen, wie du dich fühlst und lebst. Wenn du beginnst, diese Wechselwirkungen bewusst wahrzunehmen und Schritt für Schritt positive Veränderungen einzuladen, stärkst du nicht nur deinen Körper, sondern auch deinen Geist.
>
> Jede kleine bewusste Entscheidung bringt dich näher zu mehr Balance, Gesundheit und innerer Erfüllung. Du trägst bereits alles in dir, was du dafür brauchst – jetzt ist der Moment, es zum Leben zu erwecken. Geh deinen Weg in deinem Tempo – und vertraue darauf, dass dein volles Potenzial schon darauf wartet, von dir entdeckt zu werden.

Praxisteil

Integration neuer Gewohnheiten: Dein Schlüssel zu nachhaltigem Erfolg

Die Integration neuer Gewohnheiten kann eine transformative Wirkung auf dein Leben haben. Es geht darum, kleine, aber wirkungsvolle Veränderungen vorzunehmen, die im Laufe der Zeit große Ergebnisse bringen. Auch wenn der Anfang manchmal herausfordernd wirkt: Jeder noch so kleine Schritt zählt und bringt dich ein Stück näher zu dem Leben, das du dir wünschst. Gib dir die Erlaubnis, in deinem Tempo zu wachsen – Veränderung ist kein Sprint, sondern eine Reise. Lass uns die besten Strategien erkunden, um neue Gewohnheiten erfolgreich und nachhaltig in dein Leben zu integrieren.

1. **Kleine Schritte und klare Ziele:**
   Der Weg zu nachhaltigen Veränderungen beginnt mit kleinen Schritten. Setze dir klare, spezifische und erreichbare Ziele, die dir helfen, die neue Gewohnheit schrittweise zu etablieren.

- Fange klein an: Wenn du beispielsweise regelmäßig Sport treiben möchtest, beginne mit kurzen, einfachen Übungen wie einem 10-minütigen Spaziergang pro Tag. Erhöhe die Intensität und Dauer allmählich, sobald die Gewohnheit gefestigt ist.

- Setze klare Ziele: Formuliere deine Ziele präzise. Anstatt zu sagen: „Ich möchte fitter werden," sage: „Ich werde dreimal pro Woche für 30 min joggen."

2. **Konsequenz und Regelmäßigkeit:**
Konsequenz ist der Schlüssel zur Etablierung neuer Gewohnheiten. Mache deine neue Gewohnheit zu einem festen Bestandteil deines Tagesablaufs.

- Finde einen festen Zeitpunkt: Verknüpfe die neue Gewohnheit mit einer bestehenden Routine. Zum Beispiel: „Ich werde jeden Morgen nach dem Aufstehen 10 min meditieren."

- Sei geduldig: Es dauert durchschnittlich 66 Tage, um eine neue Gewohnheit zu etablieren (Lally et al. 2009). Bleibe dran, auch wenn es anfangs schwierig ist.

3. **Visualisierung und Affirmationen:**
Visualisierung und positive Affirmationen können dir helfen, die neue Gewohnheit in dein Leben zu integrieren und motiviert zu bleiben.

- Visualisiere deinen Erfolg: Nimm dir täglich ein paar Minuten Zeit, um dir vorzustellen, wie du die neue Gewohnheit erfolgreich in dein Leben integriert hast und wie positiv sie dein Leben beeinflusst.

- Nutze Affirmationen: Verwende positive Selbstgespräche, um dein Unterbewusstsein zu stärken. Sätze wie „Ich bin diszipliniert und halte meine neuen Gewohnheiten durch" können sehr hilfreich sein.

4. **Belohnungen und positive Verstärkung:**
Belohnungen sind ein kraftvoller Anreiz, um neue Gewohnheiten zu festigen. Sie verstärken positives Verhalten und machen den Prozess angenehmer.

- Belohne dich selbst: Setze dir kleine Belohnungen für das Erreichen deiner Zwischenziele. Zum Beispiel:

„Wenn ich diese Woche dreimal trainiere, gönne ich mir ein entspannendes Bad am Wochenende."

- Positive Verstärkung: Erkenne und feiere deine Fortschritte, egal wie klein sie sein mögen. Diese Anerkennung motiviert dich, weiterzumachen.

5. **Umgebung und Unterstützung:**
Gestalte deine Umgebung so, dass sie die neue Gewohnheit unterstützt, und suche dir Unterstützung von anderen.

- Gestalte deine Umgebung: Entferne Hindernisse und richte deine Umgebung so ein, dass sie deine neue Gewohnheit fördert. Beispiel: Lege deine Sportkleidung am Vorabend bereit, wenn du morgens trainieren möchtest.

- Suche Unterstützung: Teile deine Ziele mit Freunden oder Familie und bitte um Unterstützung. Eine Gemeinschaft oder ein Partner, der dich ermutigt, kann einen großen Unterschied machen.

6. **Selbstreflexion und Anpassung:**
Regelmäßige Selbstreflexion hilft dir, deine Fortschritte zu überprüfen und bei Bedarf Anpassungen vorzunehmen.

- Reflektiere regelmäßig: Nimm dir Zeit, um über deine Fortschritte nachzudenken. Was hat gut funktioniert? Wo gibt es noch Herausforderungen?

- Sei flexibel: Wenn eine Strategie nicht funktioniert, sei bereit, sie anzupassen. Finde heraus, was für dich am besten funktioniert und passe deine Ansätze entsprechend an.

Fazit

Die Integration neuer Gewohnheiten erfordert Geduld, Konsequenz und eine bewusste Anstrengung. Indem du kleine Schritte gehst, deine Ziele klar definierst, Visualisierung und Affirmationen nutzt, Belohnungen einsetzt, deine Umgebung gestaltest und regelmäßig reflektierst, kannst du nachhaltige Veränderungen in deinem Leben bewirken. Die Reise mag herausfordernd sein, aber die Belohnungen sind es wert. Die Welt wartet auf das Beste von dir – beginne noch heute und entfessle dein volles Potenzial durch bewusste und kraftvolle Gewohnheiten!

Anteilsarbeit

> 15 Schritte zu deiner Balance!

Entfessle deine inneren Kräfte!

Herzlich willkommen zu deinem persönlichen Kapitel zur Arbeit mit Persönlichkeitsanteilen! Dieses Kapitel ist dein Kompass, dein Werkzeug und deine Inspirationsquelle auf dem Weg zu einem erfüllten, ausgeglichenen und kraftvollen Leben. Hier erfährst du, was du von diesem Kapitel erwarten kannst und wie es dir helfen wird, dein volles Potenzial zu entfesseln.

Was kannst du von diesem Kapitel erwarten?

1. **Tiefe Selbsterkenntnis**: Du wirst lernen, die verschiedenen Anteile deiner Persönlichkeit zu identifizieren und zu verstehen. Jeder Anteil hat seine eigene Stimme, seine eigenen Bedürfnisse und seine eigenen Stärken. Dieses Buch hilft dir, diese Stimmen zu hören und ihre Bedeutung zu erkennen.

2. **Praktische Werkzeuge**: Du erhältst konkrete Übungen und Methoden, um mit deinen Persönlichkeitsanteilen zu arbeiten. Von der Benennung und Visualisierung deiner Anteile bis hin zur Entwicklung von Strategien, um ihre Präsenz in deinem Leben zu balancieren – dieses Buch bietet dir die Werkzeuge, die du brauchst, um deine innere Welt zu meistern.

3. **Erfüllte Balance**: Durch die Arbeit mit deinen Anteilen wirst du eine tiefere innere Balance erreichen. Dieses Buch zeigt dir, wie du die Synergie zwischen den verschiedenen Aspekten deiner Persönlichkeit maximieren kannst, um ein harmonisches und erfülltes Leben zu führen.

4. **Kontinuierliche Reflexion**: Du wirst regelmäßige Reflexionsphasen einplanen, um deine Fortschritte zu überprüfen und notwendige Anpassungen vorzunehmen. Diese regelmäßige Selbstüberprüfung hilft dir, auf Kurs zu bleiben und dein inneres Gleichgewicht zu wahren.

5. **Motivation und Inspiration**: Dieses Buch ist nicht nur ein Leitfaden, sondern auch eine Quelle der Motivation und Inspiration. Es ermutigt dich, groß zu denken, mutig zu handeln und deine Träume zu verwirklichen. Mit jedem Schritt wirst du erkennen, dass du die Macht hast, dein Leben zu gestalten.

6. **Ein lebenslanger Begleiter**: Die Prinzipien und Techniken, die du in diesem Buch lernst, sind zeitlos und werden dich ein Leben lang begleiten. Du wirst lernen, wie du deine inneren Kräfte immer wieder neu entfesselst, um dein bestes Leben zu leben.

Dein Weg beginnt hier

Du bist der Regisseur deines Lebensfilms, der Architekt deiner inneren Welt. Mit diesem Buch wirst du lernen, deine Anteile zu integrieren, eine harmonische innere Balance zu finden und dein volles Potenzial zu entfesseln.

Wie du dieses Kapitel am besten liest

Dieses Buch ist dein persönlicher Begleiter auf dem Weg zu mehr innerer Klarheit und Stärke. Damit du das volle Potenzial daraus schöpfen kannst, nimm dir die Zeit, es in deinem eigenen Tempo und Schritt für Schritt durchzuarbeiten. Jeder Abschnitt knüpft an den vorherigen an und unterstützt dich dabei, deine inneren Anteile besser zu verstehen, anzunehmen und in ein stimmiges Miteinander zu bringen.

Ein paar Tipps zur Vorgehensweise:

- Lass dir Zeit für jeden Schritt. Nimm dir bewusst Momente, um zu reflektieren, zu schreiben und zu visualisieren. Springe nicht vorwärts, ohne jeden Abschnitt gründlich zu durchlaufen. Der Prozess ist so gestaltet, dass du langsam aber sicher die verschiedenen Facetten deiner Persönlichkeit erkennst und in dein Leben integrierst.

- Stell dir vor, du baust ein Haus. Du sorgst dafür, dass das Fundament stark ist. Du legst einen Stein nach dem anderen, bevor du die nächsten Ebenen aufbaust. Genauso funktioniert dieses Buch. Jeder Schritt festigt dein Verständnis und deine Verbindung zu deinen inneren Anteilen.

- Es ist kein Wettlauf. Nimm dir die Zeit, die du brauchst. Manche Schritte werden mehr Zeit und Reflexion erfordern als andere. Und das ist in Ordnung. Dein Fortschritt ist dein eigener, einzigartiger Weg.

- Sei geduldig mit dir selbst und vertraue dem Prozess. Dieses Buch ist dein Werkzeug, um ein tiefes, erfülltes und harmonisches Leben zu gestalten. Gehe Schritt für Schritt vor, und du wirst erstaunt sein, welche Veränderungen du in deinem Leben bewirken kannst.

Also, los geht's!

Mach dich bereit für eine transformative Reise. Öffne dich für neue Erkenntnisse, praktiziere die Übungen mit Engagement und Freude, und beobachte, wie sich dein Leben verändert. Dieses Buch ist dein Partner auf dem Weg zu einem erfüllten, ausgeglichenen und kraftvollen Selbst.

Entfessle deine inneren Kräfte und kreiere dein Meisterwerk. Dein bestes Leben wartet auf dich – jetzt ist die Zeit, es zu leben!

Einleitung zur Anteilsarbeit

Stell dir vor, du bist der Regisseur deines Lebens, und jeder Teil deiner Persönlichkeit ist ein Charakter in deinem persönlichen Blockbuster. Die Arbeit mit Persönlichkeitsanteilen ist dein Drehbuch, bei dem jeder Charakter seine Rolle perfekt spielt. Es geht darum, die verschiedenen Facetten deines Selbst zu erkennen, zu verstehen und zu integrieren, sodass du in jeder Situation die beste Version von dir selbst bist. Diese Anteile repräsentieren die verschiedenen Kräfte in dir, die dir helfen, Herausforderungen zu meistern, Erfolge zu feiern und ein erfülltes Leben zu führen.

Die Anteilsarbeit basiert auf der Idee, dass unsere Persönlichkeit aus verschiedenen Teilen oder „Anteilen" besteht, die jeweils unterschiedliche Bedürfnisse, Ziele und Energien haben. Diese Anteile können manchmal im Konflikt miteinander stehen oder sich gegenseitig unterstützen.

> **Beispiel**
>
> *Ein unterstützendes Zusammenspiel zeigt sich zum Beispiel, wenn dein strukturierter Planer-Anteil gemeinsam mit deinem motivierten Macher-Anteil daran arbeitet, ein Projekt erfolgreich umzusetzen – organisiert, zielgerichtet und mit klarem Fokus.*
>
> *Ein innerer Konflikt entsteht hingegen, wenn dein leistungsorientierter Antreiber-Anteil ständig mehr fordert, während dein erschöpfter, schutzsuchender Anteil nach Ruhe und Rückzug verlangt. In solchen Momenten spürst du inneren Druck, Unruhe oder Entscheidungsblockaden.*

Indem wir uns dieser Anteile bewusst werden und lernen, wie sie miteinander interagieren, können wir unser inneres Gleichgewicht finden und es nachhaltig stärken.

In diesem Buch wirst du lernen, wie du die verschiedenen Stimmen in deinem Inneren hören und verstehen kannst. Jeder Anteil – sei es der „mutige Krieger", der „sensible Künstler", „der fürsorgliche Heiler" oder der „disziplinierte Planer" – spielt eine wichtige Rolle in deinem Leben. Jeder trägt zur Gesamtheit deines Selbst bei und hilft dir, die verschiedenen Herausforderungen des Lebens zu meistern.

Das Ziel der Anteilsarbeit ist es nicht, bestimmte Anteile zu unterdrücken oder zu eliminieren, sondern sie zu integrieren und in Harmonie miteinander zu bringen. Durch diese Integration kannst du ein authentisches, erfülltes und harmonisches Leben führen. Du lernst, deine inneren Kräfte zu entfesseln und sie bewusst einzusetzen, um deine Ziele zu erreichen und dein volles Potenzial zu entfalten.

Dieses Buch wird dich durch den gesamten Prozess der Anteilsarbeit führen. Mit praktischen Übungen, Reflexionen und kontinuierlicher Selbstüberprüfung wirst du lernen, deine innere Welt zu meistern und dein Leben aktiv und bewusst zu gestalten.

Mach dich bereit für eine transformative Reise in dein Inneres. Entdecke die Kraft deiner Persönlichkeitsanteile und lerne, wie du sie integrieren und nutzen kannst, um dein bestes Leben zu führen. Du bist der Regisseur deines Lebensfilms – und es ist an der Zeit, ein Meisterwerk zu erschaffen!

Was sind persönliche Anteile?

Theoretischer Background Psychologie

(Kurzübersicht für Pragmatiker:innen)
Die Kraft der Persönlichkeitsanteile wurde durch die bahnbrechenden Arbeiten von Richard C. Schwartz und

seiner „Internal Family Systems" (IFS) Therapie ins Licht gerückt. Schwartz' Ansatz basiert auf der Idee, dass unsere Persönlichkeit aus mehreren Teilpersönlichkeiten besteht, die wie eine Familie interagieren. Dies baut auf der Ego-State-Therapie von John und Helen Watkins auf, die ebenfalls verschiedene Teile unseres Selbst untersucht. Diese Konzepte stehen in einer Linie mit den Arbeiten von Carl Gustav Jung und seiner Theorie des „Schatten" sowie Fritz Perls' Gestalttherapie, die alle das Ziel verfolgen, die Integration und das Wachstum des Selbst zu fördern (Schwartz, 1995; Watkins & Watkins, 1997).

Zum besseren Verständnis: Man kann sich diese Persönlichkeitsanteile vorstellen wie verschiedene Figuren in einem inneren Theater: Da gibt es vielleicht einen mutigen Kämpfer, eine ängstliche Zweiflerin, einen kritischen Antreiber oder eine fürsorgliche Beschützerin. Jeder dieser Anteile hat seine eigene Geschichte, seine eigenen Motive – und möchte letztlich auf seine Weise helfen. Die Arbeit mit diesen inneren Stimmen ermöglicht es dir, innere Konflikte zu lösen und eine tiefere, harmonischere Verbindung zu sich selbst aufzubauen.

Meine Überlegungen und Erfahrungen zur Anteilsarbeit

Ich habe es am eigenen Körper erlebt, wie kraftvoll und transformativ die Arbeit mit Persönlichkeitsanteilen sein kann. Es ist, als ob man einen inneren Raum betritt, in dem jede Facette deines Selbst einen Platz hat und anerkannt wird. Jeder Anteil hat seine eigene Stärke und seinen eigenen Beitrag zu deinem Leben. Es geht nicht darum, einen Anteil zu eliminieren, sondern darum, die Synergie zwischen ihnen zu finden und zu maximieren.

Als Coach habe ich immer wieder gesehen, wie Menschen durch die Arbeit mit ihren Persönlichkeitsanteilen ihre innere Balance wiedergefunden haben. Lass mich dir eine Methapher zum besseren Verständnis an die Hand geben. Stell dir vor, du bist ein Orchester, und jeder Anteil deiner Persönlichkeit ist ein Instrument. Wenn sie alle harmonisch zusammenspielen, entsteht eine großartige Symphonie. Doch manchmal kommt ein neues Instrument hinzu, und die Harmonie gerät ins Wanken.

Ich denke an eine meiner Klientinnen, die durch die Geburt ihres ersten Kindes tiefgreifende Veränderungen in ihrem Leben erlebte. Ein neuer Anteil, der „Mutter"-Anteil, trat in ihr Leben und brachte das bestehende System durcheinander. Ihr „Karriere"-Anteil und der „Mutter"-Anteil kämpften um Raum. Anfangs fühlte sie sich zerrissen und überfordert. Doch durch gezielte Anteilsarbeit lernte sie, beide Anteile in ihr Leben zu integrieren und sie miteinander in Einklang zu bringen. Sie erkannte, dass ihr „Karriere"-Anteil ihr Unabhängigkeit und Stolz brachte, während der „Mutter"-Anteil ihr tiefe Erfüllung und Liebe schenkte. Durch diese Integration fand sie eine neue Balance, die es ihr ermöglichte, sowohl eine engagierte Mutter als auch eine erfolgreiche Berufstätige zu sein.

Oder nehmen wir den Coachee, der mit Unsicherheiten und Selbstzweifeln kämpfte. Er entdeckte seinen „Kritiker"-Anteil, der ihn ständig abwertete, und seinen „Förderer"-Anteil, der ihn unterstützte und motivierte. Indem er diese Anteile bewusst erkannte und lenkte, konnte er seine Selbstzweifel reduzieren und ein stärkeres Selbstwertgefühl entwickeln. Die Integration dieser Anteile führte zu mehr Zufriedenheit und einem gesteigerten Gefühl der Selbstwirksamkeit.

Viele Menschen, die ich gecoacht habe, haben durch die Arbeit mit ihren Persönlichkeitsanteilen ein besseres Leben geschaffen, weil sie mehr bei sich selbst waren. Sie lernten, die unterschiedlichen Teile ihrer Persönlichkeit zu akzeptieren und zu integrieren, was ihnen half, authentischer und ausgeglichener zu leben. Ein Klient, der sich oft zwischen seiner kreativen und analytischen Seite hin- und hergerissen fühlte, konnte durch die Visualisierung und Benennung dieser Anteile eine Harmonisierung erreichen. Er schaffte es, seine kreativen Ideen strukturiert umzusetzen und so seine beruflichen und persönlichen Ziele effektiver zu verfolgen.

Die Arbeit mit Persönlichkeitsanteilen öffnet die Tür zu einem tieferen Selbstverständnis und ermöglicht es, die eigene innere Welt zu ordnen und zu harmonisieren. Dies führt nicht nur zu einem größeren inneren Frieden, sondern auch zu einer gesteigerten Fähigkeit, das Leben bewusst und erfüllend zu gestalten. Durch das Erkennen und Nutzen der Stärken jedes Anteils können Menschen ihre volle Kraft entfalten und ein erfüllteres, ausgeglicheneres Leben führen.

Es geht darum, jeden Anteil deines Selbst zu erkennen und zu feiern. Die „Arbeiterbiene" in dir, die unermüdlich für Erfolg kämpft. Der „Kreative", der unendliche Möglichkeiten sieht. Der „Abenteurer", der neue Wege beschreitet. Sie alle sind Teil deiner einzigartigen Symphonie.

Ich sage dir: Nimm diese Anteile an, vereine ihre Kräfte und schaffe die Balance, die dich unaufhaltsam macht! Du hast die Macht, deine innere Welt zu orchestrieren und ein Leben in völliger Harmonie und Erfüllung zu führen.

Mach dich bereit, dein volles Potenzial zu entfesseln und die Welt mit deiner einzigartigen Melodie zu bereichern!

Lass uns starten!

Praxisteil

Erster Schritt: Visuelle Vorstellung

Stell dir das mal vor: Du betrittst einen großen, beeindruckenden Besprechungsraum. Der Tisch in der Mitte ist gewaltig, majestätisch, und du sitzt am Kopfende. Du bist der CEO deines Lebens. Vor dir sitzen die verschiedenen Anteile deiner Persönlichkeit, jeder mit seiner eigenen Stimme, jeder bereit, seine Gedanken und Gefühle zu teilen.

Du bist der Moderator dieser Sitzung. Du hast die Macht, die Kontrolle, die Fähigkeit, jeden Anteil zu hören und zu leiten. Sie alle sind hier, um dir zu helfen, dein bestes Leben zu führen. Vielleicht siehst du den „Kreativen", der ständig mit Ideen sprudelt, den „Planer", der Struktur und Ordnung bringt, oder den „Abenteurer", der dich dazu drängt, neue Dinge auszuprobieren.

Dieser mächtige Besprechungstisch repräsentiert die zentrale Bühne deiner inneren Welt. Durch diese visuelle Struktur schaffst du Klarheit. Du siehst, wie die Anteile miteinander interagieren, welche Dominanz ein Anteil vielleicht übernommen hat und welche Anteile zu kurz kommen. Jeder Anteil hat eine Stimme, und es ist deine Aufgabe, ihnen allen den Raum zu geben, den sie verdienen.

Die Macht dieser Vorstellung liegt in der Visualisierung. Du siehst nicht nur deine Anteile, du fühlst ihre Präsenz, hörst ihre Stimmen. Diese Klarheit ermöglicht es dir, die Interaktionen deiner Anteile besser zu verstehen. Du erkennst, wer im Rampenlicht steht, wer im Schatten bleibt und wie du das Gleichgewicht herstellen kannst.

Als CEO deiner inneren Welt hast du die Verantwortung, sicherzustellen, dass alle Anteile harmonisch zusammenarbeiten. Das ist der erste Schritt zur Transformation. Wenn du diese Sitzung leitest, gibst du jedem Anteil die Chance, gehört und anerkannt zu werden. Du schaffst eine Umgebung, in der alle Teile deines Selbst gedeihen können.

Denk daran: Du bist der Regisseur deines Lebensfilms. Du bestimmst, wie die Szenen ablaufen. Setze dich an diesen mächtigen Tisch, nimm die Rolle des Moderators an und führe deine Anteile zur Zusammenarbeit. Das ist der Schlüssel zu einem ausgeglichenen, erfüllten und erfolgreichen Leben.

Zweiter Schritt: Benenne deine eigenen Anteile

Lass uns tief eintauchen und uns die Zeit nehmen, um deine inneren Anteile zu erkennen und zu benennen. Du bist der Architekt deines Lebens, und jeder Anteil deines Selbst hat eine Rolle gespielt, um dich dahin zu bringen, wo du heute bist.

Reflektiere die letzten Monate und denke über die verschiedenen Rollen nach, die du eingenommen hast. Wer warst du in verschiedenen Situationen? Welche Leidenschaften hast du verfolgt? Jedes Mal, wenn du eine neue Herausforderung gemeistert hast, eine neue Idee verfolgt hast oder dich um jemanden gekümmert hast, hast du einen anderen Anteil von dir aktiviert.

Vielleicht warst du der „Krieger", der sich unermüdlich durch Schwierigkeiten gekämpft hat. Oder der „Künstler", der in kreativen Momenten unglaubliche Werke geschaffen hat. Vielleicht der „Heiler", der anderen geholfen und Trost gespendet hat. Jeder dieser Anteile trägt eine einzigartige Energie in sich, die du kanalisiert hast, um unterschiedliche Facetten deines Lebens zu meistern.

Nimm dir jetzt die Zeit, all diese Anteile zu notieren. Denk daran, niemand kennt deine innere Welt besser als du. Schreibe jeden Anteil auf, gib ihm, wenn du magst, jetzt schon einen Namen. Sei es der „Krieger", der „Planer", der „Abenteurer", der „Denker" oder der „Liebende". Jeder dieser Anteile hat dir geholfen, verschiedene Situationen zu bewältigen und dein Leben voranzutreiben. Und genau deshalb ist es wichtig, jedem Anteil mit Respekt und Wertschätzung zu begegnen – auch denen, die auf den ersten Blick vielleicht störend oder belastend wirken. Jeder Teil hatte einmal eine wichtige Aufgabe. Indem du sie anerkennst, öffnest du die Tür für echte innere Zusammenarbeit.

Die Anzahl der Anteile kann von Person zu Person sehr unterschiedlich sein – sie kann zwischen 5 und 100 oder mehr liegen. Jeder Anteil repräsentiert eine spezifische Facette deiner Persönlichkeit und trägt zur Gesamtheit deines Selbst bei.

Die Wahrnehmung deiner Anteile ist ein kraftvoller Akt. Es ist, als ob du jedem Anteil einen Platz am Tisch gibst, ihm eine Stimme und Anerkennung schenkst. Du erkennst die unterschiedlichen Energien in dir und wie sie dich unterstützen.

Wenn du diese Anteile wahrnimmst, erkennst du ihre Bedeutung und ihren Beitrag zu deinem Leben. Du siehst, wie du in verschiedenen Situationen unterschiedliche Anteile aktiviert hast und wie sie dir geholfen haben, deine

Ziele zu erreichen. Dieser Schritt bringt Klarheit und Bewusstsein in deine innere Welt.

Nutze diese Erkenntnis, um die Synergie zwischen deinen Anteilen zu maximieren. Du bist der Dirigent deiner inneren Symphonie. Indem du deine Anteile benennst, schaffst du die Basis für eine harmonische Zusammenarbeit, die dich zu größerem Erfolg und tieferer Erfüllung führt.

Also, schnapp dir einen Stift und Papier oder öffne dein Lieblingsnotizprogramm. Schreib dir alle Anteile auf, die du in den letzten Monaten gespürt hast. Jeder von ihnen hat eine einzigartige Stärke, die du nutzen kannst, um dein bestes Leben zu führen. Erkenne sie an, gib ihnen Namen und bereite dich darauf vor, ihre Kräfte zu entfesseln!

Dritter Schritt: Verbildliche deine Anteile

Jetzt wird es richtig spannend! Du hast deine Anteile benannt, und jetzt ist es an der Zeit, ihnen Leben einzuhauchen. Gib jedem Anteil eine Gestalt, eine visuelle Form, die seine Essenz einfängt und ihn greifbar und lebendig macht.

Male, zeichne oder kreiere auf andere kreative Weise (z. B. auch Cliparts und Bilder). Es spielt keine Rolle, ob du ein erfahrener Künstler bist oder nicht. Es geht darum, deinen inneren Anteilen eine sichtbare Form zu geben. Diese Form kann alles sein, was für dich Sinn ergibt – ein Gesicht, ein Symbol, ein Tier, ein Objekt. Sei so kreativ und frei wie möglich.

Vielleicht ist dein „Krieger"-Anteil ein mächtiger Löwe, der Stärke und Mut symbolisiert. Dein „Künstler"-Anteil könnte als schillernder Pfau erscheinen, der Kreativität und Schönheit verkörpert. Der „Heiler"-Anteil könnte eine weiche, beruhigende Gestalt wie eine Eule annehmen, die Weisheit und Fürsorge ausstrahlt.

Diese Visualisierung macht deine Anteile nicht nur greifbar, sondern bringt sie auch in dein Bewusstsein. Du schaffst eine starke, visuelle Verbindung zu jedem Anteil, die dir hilft, ihre individuellen Stärken und Rollen in deinem Leben besser zu verstehen.

Nutze Papier, Leinwand oder ein Grafikprogramm auf deinem Computer – wobei ich dir empfehle, offline zu arbeiten, um dich ganz auf den kreativen Prozess einzulassen. Lass deiner Fantasie freien Lauf und genieße den Prozess des Schaffens.

Die Visualisierung deiner Anteile ist ein kraftvoller Schritt. Du machst das Unsichtbare sichtbar, das Abstrakte konkret. Diese Formen helfen dir, die Anteile in deinem täglichen Leben zu erkennen und zu integrieren. Jedes Mal, wenn du auf eine Herausforderung stößt oder eine Entscheidung treffen musst, kannst du dir diese Gestalten ins Gedächtnis rufen und ihre einzigartigen Kräfte nutzen. Damit dieser Prozess wirklich wirken kann, ist es wichtig, dass du dir dafür Zeit und einen ruhigen Raum schaffst. Nur wenn du ganz bei dir bist, ohne Ablenkung von außen, kannst du dich auf deine innere Welt einlassen und die Anteile mit Klarheit und Tiefe wahrnehmen. Es geht nicht darum, schnell Ergebnisse zu erzielen – sondern darum, in Kontakt zu kommen, hinzuhören und zu verstehen.

Mach den ersten Pinselstrich oder zeichne die erste Linie und sieh zu, wie deine innere Welt vor dir lebendig wird. Jede Gestalt, die du erschaffst, ist ein Teil von dir, der darauf wartet, erkannt und genutzt zu werden. Dieses kreative Abenteuer führt dich zu einem tieferen Verständnis und einer stärkeren Verbindung mit deinen inneren Anteilen.

Also, los geht's! Verbildliche deine Anteile, lass sie lebendig werden und entdecke die Macht, die in jedem von ihnen steckt. Du bist der Schöpfer deiner inneren Welt. Nutze diese kreative Kraft, um deine Anteile zu erkennen und zu integrieren, und entfessle dein volles Potenzial!

Vierter Schritt: Gebe jeden Anteil einen Namen

Jetzt wird es persönlich und mächtig! Jeder Anteil deiner Persönlichkeit verdient nicht nur eine Gestalt, sondern auch einen finalen Namen. Ein Name gibt Identität, Charakter und Macht. Es ist wie das Benennen eines Superhelden – es verleiht ihnen eine einzigartige Präsenz und Energie.

Stell dir vor, du rufst deine Anteile auf die Bühne deines Lebens und gibst ihnen einen Namen, der ihre Essenz einfängt. Sei es der „Mutige Max", die „Scharfsinnige Sarah" oder der „Entspannte Emil" – lass deiner Kreativität freien Lauf und finde Namen, die für dich bedeutungsvoll und kraftvoll sind.

Diese Namen sind nicht nur Etiketten. Sie sind Erkennungsmale, die dir helfen, die Stärken und Fähigkeiten jedes Anteils zu würdigen. Indem du ihnen Namen gibst, schenkst du ihnen Aufmerksamkeit und Respekt. Du gibst ihnen die Anerkennung, die sie verdienen, und stärkst ihre Rolle in deinem Leben.

Nimm dir die Zeit, um jedem Anteil einen Namen zu geben. Schreibe die Namen direkt unter die „Bilder". Sei kreativ und spielerisch dabei. Es können Namen sein, die dich zum Lachen bringen, die dich inspirieren oder die einfach gut zu den Charaktereigenschaften des jeweiligen Anteils passen.

Deinen Anteilen einen Namen zu geben, ist mehr als nur eine Übung – es ist ein Schritt hin zu echtem Verständnis und innerer Verbindung. Du holst sie bewusst ins Licht, gibst ihnen Raum und erkennst an, dass sie alle einen Platz in deinem Leben haben. So fällt es dir leichter, ihre Stärken zu erkennen und sie im Alltag bewusst einzusetzen.

Also, los geht's! Gib deinen Anteilen Namen und sieh zu, wie sie lebendig werden. Lass dich von ihrer Energie und ihrer Identität inspirieren. Du bist der Schöpfer deiner inneren Welt. Nutze diese Macht, um deine Anteile zu erkennen, zu benennen und zu integrieren, und erlebe, wie sie dir helfen, dein bestes Leben zu führen!

Fünfter Schritt: Gebe jeden Anteil ein Leitmotto

Jetzt geht es darum, die Kraft deiner inneren Anteile weiter zu verstärken. Jeder Anteil braucht ein Motto – ein Mantra, das seine Essenz einfängt und seine Rolle in deinem Leben klar definiert. Ein Motto ist nicht nur ein Satz, sondern eine kraftvolle Erinnerung an die einzigartige Stärke jedes

Anteils. Es ist wie ein Kampfschrei, der sie inspiriert und aktiviert.

Stell dir vor, du gibst jedem deiner Anteile ein Leitmotto, das ihre Kernenergie und ihre Funktion verkörpert. Diese Mottos dienen als Wegweiser und erinnern dich daran, welche Kräfte in dir schlummern und wie du sie nutzen kannst.

Denke an den „Mutigen Max". Was wäre sein Motto? Vielleicht „Immer vorwärts" – ein kraftvoller Antrieb, der dich durch jede Herausforderung führt. Oder die „Scharfsinnige Sarah", deren Motto „Finde die Schönheit im Detail" lauten könnte, und die dich daran erinnert, stets achtsam und präzise zu sein. Der „Entspannte Emil" könnte das Motto „Bleib ruhig und gelassen" tragen, das dir hilft, in stressigen Momenten die Ruhe zu bewahren.

Nimm dir Zeit, um für jeden deiner Anteile ein passendes Leitmotto zu finden. Diese Mottos sollten einfach, aber kraftvoll sein – Worte, die dich sofort an die Essenz dieses Anteils erinnern. Schreibe sie auf, visualisiere sie.

Die Mottos verstärken nicht nur dein Verständnis und deine Verbindung zu deinen Anteilen, sondern sie helfen dir auch, diese Kräfte bewusst zu aktivieren. In Momenten der Unsicherheit oder des Zweifels kannst du dich an diese Mottos erinnern und die Energie des jeweiligen Anteils anzapfen. Sie werden zu deinem inneren Kompass, der dich durch jede Lebenslage führt.

> **Beispielmottos**
> - **Mutiger Max:** „Immer vorwärts" – er steht an der Kante, wo andere zögern, und springt mit Zuversicht ins Neue.
> - **Scharfsinnige Sarah:** „Finde die Schönheit im Detail" – sie sieht, was anderen entgeht, und erkennt Zusammenhänge, wo nur Chaos scheint.
> - **Entspannter Emil:** „Bleib ruhig und gelassen" – wie ein Fels in der Brandung bringt er dich zurück zur inneren Ruhe, wenn es außen stürmt.
> - **Kreative Kira:** „In jedem Moment steckt Magie" – sie denkt in Farben, fühlt in Bildern und findet neue Wege, wo andere nur Regeln sehen.
> - **Disziplinierter David:** „Konsequenz führt zum Erfolg" – er plant, strukturiert und erinnert dich daran, dran zu bleiben, wenn's anstrengend wird.

Diese Mottos sind wie Leitsterne auf deiner Reise. Sie erinnern dich daran, welche Kraft in dir steckt und wie du sie nutzen kannst, um deine Ziele zu erreichen und dein volles Potenzial zu entfesseln. Also, los geht's! Finde deine Mottos und lass deine Anteile erstrahlen!

Sechster Schritt: Bestimme das Hauptbedürfnis jedes Anteils

Jetzt ist es Zeit, tief in die Essenz deiner Anteile einzutauchen und ihre Hauptbedürfnisse zu erkennen. Jeder Anteil hat ein grundlegendes Bedürfnis, das seine Motivation und sein Verhalten antreibt. Indem du diese Bedürfnisse erkennst, gibst du dir selbst die Macht, dein inneres Team optimal zu führen und auszubalancieren.

Stell dir vor, du bist der Kapitän eines Schiffes, und jeder Anteil deiner Persönlichkeit ist ein wichtiges Crewmitglied mit spezifischen Bedürfnissen, die erfüllt werden müssen, damit das Schiff reibungslos segelt. Diese Bedürfnisse können so vielfältig sein wie Anerkennung, Liebe, Freiheit, Sicherheit oder Kreativität.

Nimm dir die Zeit, um wirklich in dich hineinzuhören und zu verstehen, was jeder Anteil von dir braucht. Der „Mutige Max" könnte das Bedürfnis nach Anerkennung und Bestätigung haben, um seinen Mut weiter zu entfalten. Die „Scharfsinnige Sarah" könnte das Bedürfnis nach tieferem Verständnis und Klarheit haben, um ihre analytischen Fähigkeiten zu schärfen. Der „Entspannte Emil" könnte das Bedürfnis nach Ruhe und Erholung haben, um seine Gelassenheit zu bewahren.

Hier sind einige Fragen, die dir helfen können, diese Bedürfnisse zu erkennen:

- Was treibt diesen Anteil an?
- Wann fühlt sich dieser Anteil besonders stark und lebendig?
- Was fehlt diesem Anteil, wenn er in Stress gerät oder sich zurückzieht?
- Welche Umstände lassen diesen Anteil erblühen?

Indem du diese Fragen beantwortest, kommst du den Hauptbedürfnissen deiner Anteile auf die Spur. Schreib diese Bedürfnisse auf und mache sie dir bewusst. Sie sind der Schlüssel zur optimalen Führung deines inneren Teams.

Die Erkenntnis der Bedürfnisse ist nicht nur ein Akt der Selbstfürsorge, sondern auch ein strategischer Schritt zur Integration deiner Anteile. Wenn du weißt, was jeder Anteil wirklich braucht, kannst du gezielt Maßnahmen ergreifen, um diese Bedürfnisse zu erfüllen. Das schafft Harmonie und Balance in deinem inneren System und lässt dich kraftvoller und zielgerichteter agieren.

> **Beispielbedürfnisse**
> - **Mutiger Max:** Braucht Anerkennung und das Gefühl, gesehen und wertgeschätzt zu werden – besonders dann, wenn er sich ins Unbekannte wagt.
> - **Scharfsinnige Sarah:** Sehnt sich nach Klarheit, Struktur und einem Gegenüber, das ihre Tiefe versteht und ihren Blick fürs Detail ernst nimmt.
> - **Entspannter Emil:** Wünscht sich Raum für Ruhe, Erholung und das Gefühl, auch mal nichts leisten zu müssen – einfach nur sein dürfen.
> - **Kreative Kira:** Lebt von innerer Freiheit, Inspiration und der Möglichkeit, sich ohne Grenzen entfalten zu können – am besten in einem offenen, wertschätzenden Umfeld.
> - **Disziplinierter David:** Braucht klare Strukturen, Verlässlichkeit und Sicherheit, um seinen Weg konzentriert und zielgerichtet verfolgen zu können.

Nimm dir die Zeit, diese Bedürfnisse zu reflektieren und anzuerkennen. Schreibe sie auf, visualisiere sie und integriere sie in deinen Alltag. Du bist der Dirigent deiner inneren Symphonie. Indem du die Bedürfnisse deiner Anteile erfüllst, schaffst du eine harmonische und kraftvolle Melodie, die dich zu deinem besten Leben führt.

Also, los geht's! Erkenne die Hauptbedürfnisse deiner Anteile und nutze diese Erkenntnisse, um dein inneres Team zu stärken und zu führen. Du hast die Macht, die Balance zu finden und dein volles Potenzial zu entfesseln!

Siebter Schritt: Skaliere die Präsenz jedes Anteils

Jetzt gehen wir ins Detail und verschaffen uns Klarheit darüber, wie präsent jeder deiner Anteile in deinem Leben war. Es ist wie eine Bestandsaufnahme deiner inneren Welt. Indem du die Präsenz jedes Anteils auf einer Skala von 1–100 % bewertest, bekommst du ein klares Bild davon, welche Anteile dominant waren und welche möglicherweise vernachlässigt wurden.

Stell dir vor, du betrachtest dein Leben aus der Vogelperspektive und siehst die verschiedenen Anteile in Aktion. Jeder Anteil hat in den letzten Monaten eine bestimmte Rolle gespielt. Es ist an der Zeit, diese Rollen zu quantifizieren und zu verstehen, wie viel Raum jeder Anteil tatsächlich eingenommen hat.

Nimm dir ein Blatt Papier oder öffne ein Dokument auf deinem Computer. Zeichne eine Skala von 1 bis 100 % für jeden Anteil. Dann reflektiere die letzten Monate und frage dich:

- Wie oft habe ich diesen Anteil gespürt?
- In welchen Situationen war dieser Anteil aktiv?
- Hat dieser Anteil mein Verhalten und meine Entscheidungen stark beeinflusst?

Bewerte jeden Anteil und notiere den Prozentsatz. Sei ehrlich zu dir selbst – dies ist ein wertvoller Prozess der Selbstreflexion, der dir hilft, das Gleichgewicht in deinem inneren System zu finden.

Beispielskala
- Mutiger Max: 0 %
- Scharfsinnige Sarah: 30 %
- Entspannter Emil: 10 %
- Kreative Kira: 30 %
- Disziplinierter David: 30 %

Durch diese Bewertung erkennst du, welche Anteile in den letzten Monaten dominant waren und welche vielleicht nicht genügend Raum bekommen haben. Du siehst, wo Ungleichgewichte bestehen und wo du ansetzen kannst, um eine bessere Balance zu finden.

Vielleicht stellst du fest, dass der „Mutige Max" viel Raum eingenommen hat, weil du viele Herausforderungen meistern musstest. Oder dass der „Entspannte Emil" zu wenig präsent war, weil du dich kaum entspannt hast. Diese Erkenntnisse sind der Schlüssel zu deiner inneren Ausgewogenheit.

Indem du die Präsenz jedes Anteils skalierst, schaffst du eine solide Grundlage für die nächsten Schritte. Du siehst klar, welche Anteile mehr Raum brauchen und welche eventuell zurücktreten können, um eine harmonische Verteilung zu erreichen.

Nimm dir die Zeit, diesen Schritt gründlich zu durchlaufen. Schreibe die Skalierung auf und reflektiere sie. Du bist der Meister deiner inneren Welt. Diese Skalen helfen dir, bewusste Entscheidungen zu treffen und deine Anteile gezielt zu steuern, um dein bestes Leben zu führen.

Also, los geht's! Skaliere die Präsenz deiner Anteile und nutze diese Erkenntnisse, um deine innere Balance zu finden und zu stärken. Du hast die Macht, deine innere Welt zu ordnen und dein volles Potenzial zu entfesseln!

Achter Schritt: Analyse der aktuellen Aufstellung

Jetzt ist es an der Zeit, die Ergebnisse deiner Skalen genau zu betrachten und eine tiefgehende Analyse durchzuführen. Du hast die Präsenz deiner Anteile bewertet und ein klares Bild davon erhalten, wie viel Raum jeder Anteil in den letzten Monaten eingenommen hat. Die Frage, die wir uns jetzt stellen, lautet: Wie fühlt sich das an?

Setz dich an einen ruhigen Ort, nimm deine Skalen zur Hand und reflektiere. Spüre in dich hinein und beobachte deine emotionale Reaktion auf die Verteilung der Anteile. Diese Reflexion ist entscheidend, um zu verstehen, wie die aktuelle Aufstellung deine innere Balance beeinflusst.

Fragen zur Analyse
- Wie fühlt sich die aktuelle Aufstellung an? Gibt es ein Gefühl der Zufriedenheit oder eher ein Ungleichgewicht?
- Sind alle Anteile in Balance? Gibt es Anteile, die überwältigend präsent sind, oder welche, die kaum Raum bekommen?
- Wer braucht mehr Raum? Gibt es Anteile, die vernachlässigt wurden und die du stärker integrieren möchtest?
- Wer sollte vielleicht ein wenig zurücktreten? Gibt es Anteile, die zu viel Raum einnehmen und andere Aspekte deines Selbst überdecken?

Beispielanalyse deiner inneren Anteile

- **Mutiger Max (60 %)**: Du bist gerade voller Tatendrang, gehst mutig voran und stellst dich neuen Herausforderungen. Doch vielleicht spürst du auch, dass dich dieser ständige Vorwärtsdrang langsam auslaugt. Frag dich: Muss Max wirklich immer auf dem Gaspedal stehen – oder darf er auch mal durchschnaufen?
- **Scharfsinnige Sarah (50 %)**: Dein Blick fürs Detail ist geschärft, du erkennst Muster und denkst viele Dinge gründlich durch. Gleichzeitig besteht die Gefahr, dass du dich in Kleinigkeiten verlierst und das große Ganze aus dem Blick gerät. Vielleicht hilft dir ein innerer Schritt zurück, um wieder mehr Überblick zu gewinnen.

- **Entspannter Emil (20 %)**: Ruhe kommt momentan deutlich zu kurz. Emil sitzt am Rand der Bühne und winkt leise – doch er wird kaum gehört. Dabei sehnst du dich nach Pausen, Entlastung und einfach mal tief durchatmen. Höchste Zeit, Emil wieder einen festen Platz in deinem Alltag zu geben.
- **Kreative Kira (40 %)**: Deine kreative Seite lebt – aber eher im Hintergrund. Du hast Ideen, spürst die Lust am Gestalten, doch der Raum dafür fehlt oft. Vielleicht braucht Kira etwas mehr Freiraum, damit sie nicht nur „mitläuft", sondern wirklich glänzen kann.
- **Disziplinierter David (70 %)**: Du bist strukturiert, zielstrebig und verlässlich – beeindruckend! Aber David scheint gerade das Kommando übernommen zu haben. Wenn alles durchgetaktet ist, bleibt wenig Raum für Leichtigkeit. Achte darauf, dass Disziplin nicht in Druck umschlägt – manchmal darf's auch ein bisschen locker sein.

Diese Analyse hilft dir, die Feinabstimmung vorzunehmen, die notwendig ist, um eine harmonische und ausgeglichene innere Welt zu schaffen. Es ist ein Prozess des bewussten Erkennens und Anpassens. Manchmal müssen dominante Anteile etwas zurücktreten, um anderen die Möglichkeit zu geben, sich zu entfalten.

Mach dich bereit, deine innere Aufstellung genauer zu betrachten: Welche Anteile sind gerade besonders aktiv, und wo fehlt vielleicht das Gleichgewicht? Nimm dir bewusst Zeit, um herauszufinden, wo du mehr Raum schaffen – oder sanft zurückfahren möchtest. Du hast alles in dir, um deine innere Balance neu auszurichten und dein volles Potenzial Schritt für Schritt zu entfalten.

Neunter Schritt: Bestimme dein Zielbild

Jetzt geht es darum, dein optimales inneres Gleichgewicht zu gestalten. Nachdem du analysiert hast, wie viel Raum jeder Anteil in deinem Leben aktuell einnimmt, ist es an der Zeit, dein Zielbild zu definieren. Wie sieht die perfekte Balance für dich aus? Welchen Raum sollte jeder Anteil idealerweise einnehmen, um dein volles Potenzial zu entfalten und ein erfülltes, harmonisches Leben zu führen?

Stell dir vor, du bist ein Bildhauer, der seine innere Welt neu formt. Du hast das Rohmaterial – deine Anteile – und jetzt gestaltest du die perfekte Skulptur, die deine ideale innere Balance repräsentiert.

Nimm dir ein Blatt Papier oder öffne ein Dokument auf deinem Computer und schreibe die Zielwerte auf, die du für jeden Anteil anstrebst. Denke daran, dass diese Werte flexibel sind und sich im Laufe der Zeit ändern können, je nach deinen Bedürfnissen und Lebensumständen. Hier geht es darum, eine Orientierung zu schaffen, die dir hilft, bewusst auf ein ausgeglichenes Leben hinzuarbeiten.

> **Beispiel-Zielbild für deine innere Balance:**
>
> **Mutiger Max – 40 %:** Er soll dich weiterhin mit seiner Entschlossenheit voranbringen, dir den nötigen Schub geben, wenn es darauf ankommt – aber ohne dich ständig in Alarmbereitschaft zu halten. Mut mit Maß, statt Dauerpower.
> **Scharfsinnige Sarah – 30 %:** Sie darf dir helfen, mit klarem Blick Entscheidungen zu treffen und kluge Zusammenhänge zu erkennen – aber ohne sich in jedem Detail zu verlieren. Ein scharfes Auge, das dich unterstützt, statt bremst.
> **Entspannter Emil – 20 %:** Mehr Raum für kleine Pausen, bewusstes Durchatmen und echte Erholung. Emil sorgt dafür, dass du nicht ausbrennst – sondern deinen Akku regelmäßig wieder auflädst.

> **Kreative Kira – 30 %**: Lass sie mitmischen, wenn es ums Gestalten, Träumen oder neue Wege geht. Gib ihr den Freiraum, sich zu entfalten – ohne dass sie sich gegen Struktur durchsetzen muss.
>
> **Disziplinierter David – 40 %**: Er hält deinen Alltag zusammen, sorgt für Fokus und Verlässlichkeit – aber in einem Maß, das Raum für Spontanität lässt. Struktur, die trägt – nicht einengt.

Schritte zur Erstellung deines Zielbildes:

1. **Reflektiere deine Bedürfnisse**: Denke darüber nach, welche Anteile dir aktuell fehlen oder überrepräsentiert sind und wie das ideale Gleichgewicht aussehen könnte.
2. **Setze klare Zielwerte**: Definiere für jeden Anteil einen prozentualen Wert, der dein Zielbild repräsentiert. Diese Werte sollten zusammen 100 % ergeben.
3. **Schreibe dein Zielbild auf**: Notiere die Zielwerte und visualisiere sie. Ein Diagramm oder eine grafische Darstellung kann dabei helfen, das Bild klarer zu machen.

Anteil	Aktuell	Ziel
• *Mutiger Max*	• 60 %	• 40 %
• *Scharfsinnige Sarah*	• 50 %	• 30 %
• *Entspannter Emil*	• 20 %	• 20 %
• *Kreative Kira*	• 40 %	• 30 %
• *Disziplinierter David*	• 70 %	• 40 %

Indem du dein Zielbild entwickelst, setzt du eine bewusste Absicht für dein Leben. Du erkennst, wohin du innerlich möchtest – und welche Anteile dabei mehr Raum bekommen sollten oder sich etwas zurücknehmen dürfen, damit du dich stimmiger und kraftvoller fühlst. Dein Zielbild wird so zu einem inneren Kompass, der dich orientiert, wenn es unklar oder hektisch wird.

Nimm dir Zeit, um dieses Bild in Ruhe zu reflektieren. Schreib es auf, male es dir aus, halte es fest – so, dass du dich immer wieder daran erinnern kannst, wenn du deinen Weg neu justieren willst.

Mit dieser Klarheit vor Augen bist du bereit, Schritt für Schritt in ein Leben zu gehen, das sich echt und stimmig anfühlt.

Jetzt ist der Moment, dein Zielbild zu definieren – und deiner inneren Welt die Richtung zu geben, die dich wirklich erfüllt. Du hast alles in dir, was du dafür brauchst.

Zehnter Schritt: Aktivierende Aktivitäten

Jetzt kommt der Moment, in dem wir wirklich in die Action gehen! Du hast deine Anteile benannt, ihre Bedürfnisse erkannt und dein Zielbild definiert. Jetzt ist es an der Zeit, konkrete Aktivitäten zu finden, die jeden Anteil erblühen lassen. Diese Aktivitäten sollen den jeweiligen Anteil stärken und ihm den Raum geben, den er braucht, um seine volle Kraft zu entfalten.

Stell dir vor, du bist der Gärtner deines inneren Gartens. Jede Pflanze (jeder Anteil) benötigt spezifische Pflege, um zu wachsen und zu gedeihen. Du bist verantwortlich dafür, die richtigen Bedingungen zu schaffen, damit dein Garten in voller Blüte steht.

Beispielaktivitäten zu Aktivierung

1. **Mutiger Max**
   - **Herausfordernde Projekte annehmen:** Stell dich Aufgaben, bei denen du innerlich spürst: *Das macht mir Respekt – aber ich will es schaffen.* Ob ein neues berufliches Projekt, eine öffentliche Präsentation oder ein Thema, das du bisher gemieden hast – genau hier wächst dein Mut.

- **Körperliche Herausforderungen:** Ob Kletterwand, Kampfsport oder ein Halbmarathon – bring dich körperlich an deine Grenzen. Mut zeigt sich oft im Handeln – und Max liebt Bewegung.
- **Komfortzone verlassen:** Mach etwas, das dich nervös macht – rede spontan vor anderen, reise allein in eine neue Stadt oder probiere ein Hobby, das dich Überwindung kostet. Mut wird stärker, je öfter du ihn einsetzt.

2. **Scharfsinnige Sarah**
   - **Lesezeit & Weiterbildung:** Gönn dir regelmäßig Zeit für Bücher, Podcasts oder Kurse, die deinen Verstand fordern und deine Neugier füttern. Sarah gedeiht dort, wo neues Wissen wächst.
   - **Denkspiele und Strategie:** Nimm dir Zeit für Sudoku, Schach oder Logikrätsel – kleine Trainingscamps für deinen analytischen Verstand.
   - **Planen & Strukturieren:** Übernimm die Leitung bei einem Projekt oder plane eine Reise bis ins Detail. Sarah liebt es, wenn sie durch Struktur Klarheit schafft.

3. **Entspannter Emil**
   - **Achtsamkeit & Meditation:** Starte oder beende deinen Tag mit ein paar Minuten innerer Stille. Atembeobachtung, Bodyscan oder einfache Stille – Emil atmet auf, wenn es ruhig wird.
   - **Natur erleben:** Spaziere durch den Wald, beobachte Wolken oder setz dich mit einem Tee auf den Balkon – draußen sein, ohne Ziel, tut Emil gut.
   - **Wellness-Rituale:** Gönn dir bewusst Genuss – sei es ein warmes Bad, eine Massage oder ein Nachmittag ohne Verpflichtungen. Emil darf es sich schön machen.

4. **Kreative Kira**
   - **Künstlerisch ausdrücken:** Greif zu Pinsel, Stift oder Kamera – es geht nicht um Perfektion, son-

dern um Ausdruck. Wenn Kira gestalten darf, blüht sie auf.
- **Tanz & Musik:** Dreh deine Lieblingsmusik auf und bewege dich, wie du willst. Spiel ein Instrument oder singe – egal wie es klingt, Hauptsache echt.
- **Schreiben & Geschichten spinnen:** Ob Tagebuch, Gedicht oder kleine Geschichte – Kira findet Worte für das, was sich sonst nicht sagen lässt.

5. **Disziplinierter David**
   - **Tägliche Routinen etablieren:** Starte mit einer klaren Morgen- oder Abendroutine, die deinem Tag Struktur gibt. David liebt klare Abläufe.
   - **Zielgerichtetes Training:** Ob Joggen, Krafttraining oder Yoga – ein festgelegter Plan hilft David, sich körperlich genauso konsequent auszudrücken wie geistig.
   - **Projektverantwortung übernehmen:** Plane, organisiere, führe – übernimm bewusst Aufgaben, bei denen Struktur und Verlässlichkeit gefragt sind. David zeigt sich, wenn es etwas zu ordnen gibt.

Mini-Übung: Dein Wochenplan für die innere Balance
Jetzt, wo du die Bedürfnisse und Lieblingsaktivitäten deiner Anteile kennst, kannst du gezielt planen, wie du sie in deinen Alltag integrierst. Ziel ist nicht Perfektion, sondern bewusstes Ausprobieren – Schritt für Schritt.

So geht's:

1. **Wähle pro Anteil eine Aktivität**, die du in dieser Woche bewusst ausprobieren oder vertiefen möchtest. Nimm dir lieber kleine, realistische Dinge vor, statt gleich alles umzusetzen.

2. **Trage die Aktivitäten in deinen Kalender ein** – als verbindlichen Termin mit dir selbst. Auch 15 min reichen! Wichtig ist, dass du die Zeit bewusst dafür nutzt.

3. **Beobachte und reflektiere am Ende der Woche**, wie du dich gefühlt hast:

- Welcher Anteil durfte endlich wieder mitspielen?
- Was hat dir gutgetan?
- Wo wünschst du dir beim nächsten Mal mehr Raum oder Struktur?

Elfter Schritt: Reduzierende Aktivitäten

Jetzt drehen wir den Spieß um und schauen uns an, welche Aktivitäten den Raum eines bestimmten Anteils verringern könnten. Manchmal ist weniger mehr, und das Reduzieren bestimmter Aktivitäten kann helfen, ein besseres Gleichgewicht zwischen deinen inneren Anteilen zu finden. Diese Schritte sind entscheidend, um sicherzustellen, dass keiner deiner Anteile die anderen dominiert und du eine harmonische innere Welt aufrechterhältst.

Stell dir vor, du bist der Dirigent eines Orchesters. Wenn ein Instrument zu laut spielt, übertönt es die anderen und stört die Harmonie. Dein Ziel ist es, die Lautstärke jedes Instruments so zu regeln, dass sie zusammen eine perfekte Symphonie bilden.

Beispiel für ausgleichende Aktivitäten – wenn ein Anteil zu viel Raum einnimmt

1. **Mutiger Max**
   - **Weniger Heldentaten auf einmal:** Wenn du ständig Neues ausprobierst oder dich herausfordernden Situationen stellst, kann das auf Dauer auslaugen. Gönn dir bewusst Phasen ohne Adrenalin und gib auch anderen inneren Stimmen Raum.

- **Grenzen für Abenteuer setzen:** Statt dich von einem Abenteuer ins nächste zu stürzen, überlege: *Brauche ich das gerade – oder will ich nur etwas fühlen?* Max darf mutig sein, aber nicht unermüdlich.
- **Mehr Nachdenken statt Durchstarten:** Nimm dir regelmäßig Zeit zur Reflexion – Tagebuch schreiben, spazieren gehen, innehalten. So bleibt Max kraftvoll, ohne dich zu überfordern.

2. **Scharfsinnige Sarah**
- **Analysieren in Maßen:** Setz dir einen zeitlichen Rahmen, wenn du über etwas nachdenkst – zum Beispiel 30 min, dann bewusst loslassen. Sarah darf scharfsinnig sein, aber nicht gedanklich kreisen.
- **Weniger Input, mehr Leere:** Begrenze Nachrichten, Podcasts oder Recherchen, wenn dein Kopf schon voll ist. Dein Verstand braucht auch Pausen, um klar zu bleiben.
- **Kreativität als Gegengewicht:** Nimm dir Zeit für Malen, Schreiben oder Musik – etwas, das dich aus dem Kopf in den Moment bringt. So bekommt Sarah Gesellschaft auf der Bühne deines Inneren.

3. **Entspannter Emil**
- **Passives Abschalten reduzieren:** Wenn aus Entspannung Trägheit wird, ist Emil nicht mehr Erholung, sondern Rückzug. Ersetze lange TV-Abende ab und zu durch achtsames Kochen, Spazierengehen oder leichte Bewegung.
- **Nicht nur allein sein:** Wenn du merkst, dass du dich immer mehr zurückziehst, plane bewusste Begegnungen ein – ein Gespräch, ein gemeinsames Essen, ein Anruf. Emil braucht Balance
- **Sanft ins Tun kommen:** Kleine Aufgaben, wie Blumen umtopfen, ein Puzzle legen oder ein Buch sortieren, bringen dich ins Handeln, ohne zu überfordern.

4. **Kreative Kira**
- **Fantasie mit Richtung:** Wenn du dich oft in kreativen Gedanken verlierst, hilft es, deinen Ideen Struktur zu geben. Plane feste Zeiten oder ein klares Ziel – z. B. *„Heute schreibe ich drei Absätze, nicht einfach nur irgendwas."*
- **Ablenkung erkennen:** Wenn Kira ständig ruft, obwohl gerade David oder Max dran wäre, frag dich ehrlich: *Will ich gerade gestalten – oder drücke ich mich vor etwas anderem?*
- **Struktur als Spielraum:** Kreativität blüht nicht nur im Chaos. Eine klare Aufgabe, wie „gestalte eine Collage zu einem Thema", kann helfen, sie geerdeter einzusetzen.

5. **Disziplinierter David**
- **Planung begrenzen:** Wenn dein Tag durchgetaktet ist, bis kaum noch Luft bleibt – dann ist es Zeit, David etwas loszulassen. Streiche bewusst einen To-do-Punkt und tu stattdessen „nichts Konkretes".
- **Spielraum statt Stundenplan:** Gönn dir freie Zeiten im Kalender, in denen nichts geplant ist. Du musst nicht immer produktiv sein, um wertvoll zu sein.
- **Flexibilität üben:** Sag auch mal spontan zu etwas Ja, das nicht vorgesehen war – ein Spaziergang, ein Kaffee mit einer Freundin, ein Impuls. David darf Pause machen, ohne dass alles zusammenbricht.

Reflexionshilfe: Welche Anteile brauchen mehr – und welche weniger Raum?
Nimm dir ein paar ruhige Minuten und spüre in dich hinein. Diese Fragen helfen dir, deine innere Balance liebevoll zu justieren:

1. Welcher Anteil war in dieser Woche besonders präsent?
    → *War das hilfreich – oder eher anstrengend?*

2. **Gab es einen Anteil, der kaum zu Wort kam?**
   → *Was hätte dir dieser Teil geben können, wenn er mehr Raum gehabt hätte?*

3. **Gab es Momente, in denen du dich unausgeglichen gefühlt hast?**
   → *Welche innere Stimme war da vielleicht besonders laut – und wer hat gefehlt?*

4. **Was brauchst du in der kommenden Woche, um wieder mehr in Balance zu kommen?**
   → *Könntest du eine Aktivität einplanen, um einen vernachlässigten Anteil bewusst zu aktivieren oder einen überaktiven sanft zurückzunehmen?*

> **Tipp**
>
> Schreib dir deine Antworten auf – oder notiere am Ende jeder Woche drei Sätze:
>
> „Diese Woche war besonders laut: ..."
> „Ich möchte wieder mehr Raum geben für: ..."
> „Ein kleiner Schritt dafür ist: ..."

Zwölfter Schritt: Konkrete Planung

Jetzt ist es an der Zeit, deine Vision wirklich in die Tat umzusetzen. Deine Anteile sind benannt, ihre Bedürfnisse erkannt, ihre Mottos definiert, und du weißt, welche Aktivitäten sie stärken oder schwächen. Vielleicht hast du auch schon fleißig die ein- oder andere Übung durchgeführt. Der Schlüssel zu deinem Erfolg liegt nun in der konkreten Planung. Setze diese Aktivitäten in deinen Kalender und plane konkrete Zeitslots, damit du die Balance erreichst, die du dir wünschst.

Stell dir vor, dein Kalender ist der Bauplan deines perfekten Lebens. Jeder Zeitslot ist ein Baustein, der deine innere Welt in die Realität bringt. Du bist der Architekt, der dafür sorgt, dass alle Anteile den Raum und die Zeit bekommen, die sie brauchen.

Schritte zur konkreten Planung

1. Identifiziere die wichtigsten Aktivitäten: Wähle für jeden Anteil mindestens eine, idealerweise drei Aktivitäten, die ihn stärken. Überlege auch, welche Aktivitäten reduziert werden sollen.

2. Erstelle einen Wochenplan: Öffne deinen Kalender und plane für die kommende Woche konkrete Zeitslots für diese Aktivitäten ein. Achte darauf, dass die Verteilung ausgewogen ist und alle Anteile berücksichtigt werden.

3. Setze Prioritäten: Lege fest, welche Aktivitäten höchste Priorität haben und blockiere diese Zeiten in deinem Kalender als unverhandelbare Termine.

4. Plane realistisch: Achte darauf, dass deine Planung realistisch und durchführbar ist. Überlade deinen Kalender nicht, sondern lasse auch Raum für Flexibilität und spontane Aktivitäten.

5. Nutze Erinnerungen und Tools: Setze Erinnerungen in deinem Kalender, um sicherzustellen, dass du deine geplanten Aktivitäten nicht vergisst. Nutze Tools wie To-Do-Listen, Apps oder Planer, um organisiert zu bleiben.

Beispiel für eine Wochenplanung

Mutiger Max
- Montag 18:00–19:00: Kickbox-Training

- Mittwoch 12:00–13:00: Freiwilliges Projekt annehmen
- Samstag 10:00–13:00: Wanderausflug

Scharfsinnige Sarah
- Dienstag 19:00–20:00: Buch lesen
- Donnerstag 17:00–18:00: Online-Kurs belegen
- Sonntag 09:00–10:00: Strategieplanung für persönliches Projekt

Entspannter Emil
- Montag 21:00–21:30: Meditation
- Mittwoch 07:00–08:00: Spaziergang im Park
- Freitag 20:00–Ende offen: Wellness-Abend

Kreative Kira
- Dienstag 18:00–19:00: Malen oder Zeichnen
- Donnerstag 19:00–20:00: Gitarrenstunde
- Samstag 15:00–16:00: Kreatives Schreiben

Disziplinierter David
- Montag 06:00–07:00: Morgentraining
- Mittwoch 20:00–21:00: Wochenplanung
- Freitag 17:00–18:00: Projektmanagement

Umsetzung
- Trage die Aktivitäten ein: Öffne deinen Kalender und trage die geplanten Aktivitäten für den kommenden Monat ein. Priorisiere dabei die Anteile, die aktuell zu wenig Raum bekommen. Mache diese Termine zu unverrückbaren Verpflichtungen.

- Halte dich daran: Disziplin und Beständigkeit sind entscheidend. Halte dich an die geplanten Zeitslots und passe deinen Kalender regelmäßig an, um flexibel zu bleiben.

- Reflektiere und justiere: Nach jeder Woche oder jeden Monat, reflektiere über deine Erfahrungen. Fühlst du dich ausgeglichener? Erreichst du die gewünschte Balance? Justiere deinen Plan entsprechend.

Durch die konkrete Planung bringst du deine Vision in die Realität. Du schaffst eine strukturierte und ausgeglichene innere Welt, in der alle Anteile harmonisch zusammenarbeiten. Diese Planung ist der Schlüssel zu deinem Erfolg und deinem erfüllten Leben.

Also, los geht's! Setze diese Aktivitäten in deinen Kalender, plane konkrete Zeitslots und halte dich daran. Du hast die Macht, deine innere Welt zu gestalten und dein volles Potenzial zu entfesseln!

Dreizehnter Schritt: Reflexion nach der Umsetzung

Jetzt, wo du deine Aktivitäten geplant und umgesetzt hast, ist es an der Zeit, einen Schritt zurückzutreten und zu reflektieren. Reflexion ist der Schlüssel, um zu verstehen, wie deine Maßnahmen gewirkt haben und wie du weiter vorgehen solltest. Nach 1–2 Monaten der Umsetzung, nimm dir bewusst Zeit, um die Ergebnisse zu analysieren und deine innere Balance zu bewerten.

Stell dir vor, du bist ein Gärtner, der nach Wochen der Pflege und Bewässerung seinen Garten inspiziert. Du überprüfst, welche Pflanzen gut gedeihen, welche mehr Aufmerksamkeit benötigen und welche Anpassungen gemacht werden müssen. Dieser Reflexionsprozess hilft dir, deine innere Welt weiterhin optimal zu gestalten.

Fragen zur Reflexion

1. Wie fühlst du dich?
   - Fühlst du dich ausgeglichener und zufriedener?
   - Spürst du mehr Harmonie zwischen deinen Anteilen?

2. Was hat funktioniert?
   - Welche Aktivitäten haben die gewünschten Effekte erzielt?
   - Welche Anteile haben durch die geplanten Aktivitäten an Stärke und Präsenz gewonnen?

3. Was hat nicht funktioniert?
   - Gab es Aktivitäten, die weniger effektiv waren oder nicht den gewünschten Raum für die entsprechenden Anteile geschaffen haben?

4. Gibt es neue Erkenntnisse?
   - Hast du während dieser Zeit neue Bedürfnisse oder Anteile entdeckt?
   - Gibt es Veränderungen in deinen Prioritäten oder Zielen?

5. Was darf angepasst werden?
   - Welche Aktivitäten solltest du intensivieren oder ändern, um eine bessere Balance zu erreichen?
   - Gibt es Anteile, die noch mehr Raum benötigen?

Beispielhafte Wochenreflexion – deine Anteile im Rückblick:

- **Mutiger Max:**
  Erfolg: Die Teilnahme am Kickbox-Training hat dir spürbar mehr Selbstvertrauen gegeben – du bist über dich hinausgewachsen.
  Anpassung: Plane gezielt weitere Herausforderungen ein, die dich innerlich wachsen lassen – vielleicht eine neue Sportart oder ein mutiger Schritt im Job.

- **Scharfsinnige Sarah:**
  Erfolg: Der Online-Kurs hat deinen Verstand geschärft und dir richtig Freude gemacht, wieder in Tiefe zu denken.

Anpassung: Schaffe dir bewusst tägliche Lesezeiten – vielleicht schon morgens mit einem Kaffee und einem inspirierenden Buch.

- **Entspannter Emil:**
  Erfolg: Die tägliche Meditation hat dich geerdet – du fühlst dich gelassener und ruhiger.
  Anpassung: Ergänze mehr Naturzeit, zum Beispiel durch feste Spaziergänge am Abend oder kleine „Offline-Inseln" im Alltag.

- **Kreative Kira:**
  Erfolg: Das kreative Schreiben hat dich wieder mit deiner fantasievollen Seite verbunden – du warst im Flow.
  Anpassung: Starte ein konkretes Projekt – etwa eine kleine Geschichte, ein Moodboard oder eine Collage, um diese Energie weiter fließen zu lassen.

- **Disziplinierter David:**
  Erfolg: Deine morgendliche Trainingsroutine hat dir Struktur und Energie für den Tag gegeben.
  Anpassung: Gönn dir bewusst auch freie Zeitfenster – Räume ohne Plan, in denen Spontanes entstehen darf.

Umsetzung der Reflexion

Schreibe deine Erkenntnisse auf: Notiere alle Beobachtungen, Erfolge und notwendigen Anpassungen in deinem Notizbuch oder Kalender.

Die Reflexion nach der Umsetzung ist ein kontinuierlicher Prozess. Sie ermöglicht es dir, bewusst zu steuern und sicherzustellen, dass du die beste Version deiner selbst bist. Indem du regelmäßig reflektierst und anpasst, schaffst du eine dynamische und erfüllende innere Welt.

Also, los geht's! Nimm dir Zeit für die Reflexion, schreibe deine Erkenntnisse auf und passe deinen Plan an. Du hast die Macht, deine innere Balance zu wahren und dein volles Potenzial zu entfesseln!

Vierzehnter Schritt: Feinjustierung

Nachdem du eine gründliche Reflexion durchgeführt hast, ist es nun Zeit für eine aktuelle Bewertung. Dies ist der Moment, in dem du ehrlich zu dir selbst bist und überprüfst, ob du dein Zielbild erreicht hast. Diese Bewertung hilft dir, die Präsenz deiner Anteile erneut zu analysieren und festzustellen, ob Anpassungen notwendig sind. Dein Ziel ist es, kontinuierlich an deiner inneren Balance zu arbeiten und sicherzustellen, dass alle Anteile in einer harmonischen Weise zusammenarbeiten.

Stell dir vor, du bist ein Kapitän, der sein Schiff auf offener See steuert. Du überprüfst regelmäßig deine Navigationsinstrumente, um sicherzustellen, dass du auf dem richtigen Kurs bist. Diese Bewertung ist dein Navigationswerkzeug, das dir hilft, deinen inneren Kompass zu justieren.

Schritte zur aktuellen Bewertung

1. Überprüfe die Präsenz jedes Anteils: Nimm deine ursprünglichen Skalen zur Hand und bewerte erneut, wie viel Raum jeder Anteil aktuell in deinem Leben einnimmt. Verwende die Skala von 1–100 %, die du bereits verwendet hast.

2. Vergleiche mit deinem Zielbild: Vergleiche die aktuellen Werte mit den Zielwerten, die du im neunten Schritt definiert hast. Dies gibt dir ein klares Bild davon, ob du deine angestrebte Balance erreicht hast.

3. Reflektiere über Veränderungen: Überlege, welche Veränderungen du seit dem letzten Check vorgenommen hast und wie diese sich auf die Präsenz deiner Anteile ausgewirkt haben.

4. Identifiziere notwendige Anpassungen: Bestimme, welche Anteile möglicherweise noch mehr Raum benötigen oder welche zurücktreten sollten, um eine bessere Balance zu erreichen.

Beispiel für eine aktuelle Bewertung

Anteil	Aktuell	Ziel	Anpassung notwendig?
Mutiger Max	60 %	40 %	Ja, etwas zurücknehmen
Scharfsinnige Sarah	45 %	30 %	Nein
Entspannter Emil	15 %	30 %	Ja, mehr Raum geben
Kreative Kira	25 %	30 %	Ja, mehr kreative Aktivitäten
Disziplinierter David	45 %	40 %	Ja, leicht reduzieren

Umsetzung der aktuellen Bewertung:

1. Schreibe die neuen Werte auf: Notiere die aktuellen Bewertungen und vergleiche sie mit deinen Zielwerten. Dies hilft dir, ein klares Bild von deinem Fortschritt und den verbleibenden Herausforderungen zu bekommen.

2. Plane notwendige Anpassungen: Erstelle einen neuen Plan, um die erforderlichen Anpassungen vorzunehmen. Dies könnte bedeuten, bestimmte Aktivitäten zu erhöhen oder zu reduzieren, um die Balance zu verbessern.

3. Sei ehrlich zu dir selbst: Dies ist kein Zeitpunkt für Selbstkritik, sondern für ehrliche Selbstreflexion. Akzeptiere, was funktioniert hat, und sei bereit, notwendige Änderungen vorzunehmen.

4. Setze neue Ziele: Basierend auf deiner Bewertung und den notwendigen Anpassungen, setze dir neue Ziele. Diese Ziele sollten darauf abzielen, die Präsenz deiner Anteile weiter zu harmonisieren und deine innere Balance zu stärken.

Beispiel für notwendige Anpassungen – dein inneres Gleichgewicht feinjustieren

Mutiger Max
- Wenn dein Alltag von zu viel Aktion und Wagemut geprägt ist, kann es hilfreich sein, bewusst etwas Tempo rauszunehmen. Reduziere risikoreiche oder hochdynamische Aktivitäten und schaffe dir stattdessen regelmäßig ruhige Zeiten zur Reflexion – zum Beispiel durch Spaziergänge, Journaling oder ein bewusstes Innehalten vor wichtigen Entscheidungen.

Entspannter Emil
- Wenn Emil in den Hintergrund geraten ist, erhöhe sanft deine Entspannungszeiten. Plane feste Momente für Meditation, Achtsamkeit oder ruhige Routinen – vielleicht morgens vor dem Start in den Tag oder als bewusste Ausklangrituale am Abend.

Kreative Kira
- Wenn deine kreative Seite zu kurz kommt, gib ihr wieder mehr Raum. Nimm dir bewusst Zeit für ein neues Projekt, ein altes Hobby oder ein Experiment – sei es Zeichnen, Schreiben, Musik oder etwas völlig Neues. Kreativität braucht keine großen Ziele, sondern vor allem einen freien, offenen Moment, um sich zu entfalten.

Die aktuelle Bewertung ist ein fortlaufender Prozess. Es ist wichtig, regelmäßig zu überprüfen und anzupassen, um sicherzustellen, dass du auf dem richtigen Weg bist. Diese ständige Feinabstimmung ermöglicht es dir, eine dynamische und ausgeglichene innere Welt zu schaffen.

Also, los geht's! Bewerte erneut die Präsenz deiner Anteile, sei ehrlich zu dir selbst und nimm die notwendigen Anpassungen vor. Du hast die Macht, deine innere Balance zu steuern und dein volles Potenzial zu entfesseln!

Fünfzehnter Schritt: Quartalsweise Überprüfung

Herzlichen Glückwunsch! Du hast hart gearbeitet, um die Präsenz deiner Anteile zu analysieren, anzupassen und zu balancieren. Aber die Reise endet hier nicht. Selbst wenn du dein Ziel erreicht hast, ist es entscheidend, dass du dir vierteljährlich Zeit zur Reflexion nimmst. Diese regelmäßige Überprüfung stellt sicher, dass du weiterhin in Balance bleibst und deine inneren Kräfte optimal nutzt.

Stell dir vor, du bist ein Filmregisseur, der regelmäßig seine Produktion überprüft, um sicherzustellen, dass jeder Aspekt des Films perfekt ist. Diese vierteljährliche Reflexion ist dein Check-in, um sicherzustellen, dass dein Lebensfilm weiterhin in die richtige Richtung geht.

Schritte zur quartalsweisen Überprüfung:

1. Plane feste Reflexionstermine: Setze dir feste Termine in deinem Kalender, um alle drei Monate eine umfassende Reflexion durchzuführen. Diese Zeiten sind unverhandelbar und genauso wichtig wie jede andere Verpflichtung.

2. Überprüfe deine Zielwerte: Nimm deine Zielwerte zur Hand und vergleiche sie mit der aktuellen Präsenz deiner Anteile. Sind die Anteile noch in Balance? Gibt es neue Veränderungen oder Herausforderungen, die berücksichtigt werden müssen?

3. Analysiere deine Aktivitäten: Reflektiere darüber, welche Aktivitäten gut funktioniert haben und welche weniger effektiv waren. Welche Aktivitäten haben dir geholfen, deine Anteile zu stärken, und welche müssen angepasst werden?

4. Setze neue Prioritäten: Basierend auf deiner Analyse, setze neue Prioritäten und passe deinen Plan an. Identifiziere neue Aktivitäten, die notwendig sind, um deine Balance zu halten oder wiederherzustellen.

5. Reflektiere über neue Erkenntnisse: Gab es in den letzten drei Monaten neue Erkenntnisse oder Veränderungen in deinem Leben? Wie haben diese deine Anteile beeinflusst und welche Anpassungen sind notwendig?

Beispiel für eine vierteljährliche Überprüfung:

Mutiger Max
- Aktuell: 60 %|Ziel: 40 %
- Du warst in letzter Zeit oft im Vorwärtsmodus. Das hat dir Kraft gegeben, aber auch Energie gekostet. Zeit, Max ein wenig vom Gas zu nehmen. Plane bewusst mehr ruhige Phasen ein, in denen Reflexion statt Aktion im Mittelpunkt steht.

Scharfsinnige Sarah
- Aktuell: 40 %|Ziel: 30 %
- Sarah war präsent und hat dir gute Dienste geleistet. Es braucht keine großen Veränderungen – nur kleine Korrekturen, damit sie Raum lässt für andere Anteile. Vielleicht reicht es schon, analytische Zeiten etwas bewusster zu begrenzen.

Entspannter Emil
- Aktuell: 10 %|Ziel: 20 %Emil kam deutlich zu kurz. Deine innere Balance leidet darunter. Baue gezielt mehr Momente der Ruhe und Entspannung ein – ob durch

kleine Auszeiten im Alltag, Meditation oder einfach mehr Zeit in der Natur.

Kreative Kira
- Aktuell: 15 %|Ziel: 30 %
- Deine kreative Seite wartet darauf, wieder mehr mitgestalten zu dürfen. Plane neue Projekte oder kreative Ausflüge ein – vom Malen über Schreiben bis zum Kochen. Gib Kira eine Bühne, damit neue Ideen wachsen können.

Disziplinierter David
- Aktuell: 50 %|Ziel: 40 %David sorgt für Struktur – vielleicht etwas zu viel davon. Reduziere starre Abläufe und gib dem Spontanen wieder etwas mehr Raum. So bleibt deine Disziplin eine tragende Kraft, ohne dich zu sehr einzuengen.

Umsetzung

1. **Feste Reflexionstermine einplanen:** Trage die vierteljährlichen Reflexionstermine in deinen Kalender ein und halte sie wie jede andere wichtige Verpflichtung ein.

2. **Nutze Reflexionstools:** Verwende Notizbücher, Journale oder digitale Tools, um deine Reflexionen festzuhalten und deine Fortschritte zu dokumentieren.

3. **Setze neue Ziele und Aktivitäten:** Basierend auf deiner Reflexion, setze neue Ziele und plane die notwendigen Aktivitäten, um deine Balance zu erhalten oder zu verbessern.

4. **Bleib flexibel und anpassungsfähig:** Das Leben ist dynamisch und ändert sich ständig. Sei bereit, deinen Plan entsprechend anzupassen, um auf neue Herausforderungen und Veränderungen zu reagieren.

> **Inspiration**
>
> Entfessle deine inneren Kräfte und werde zum Regisseur deines Lebens! Du hast die Macht, deine Anteile zu integrieren und zu einem harmonischen, erfüllten Selbst zu finden. Geh raus und kreiere dein Meisterwerk! Indem du regelmäßig reflektierst und anpasst, stellst du sicher, dass du immer auf dem richtigen Kurs bist und dein volles Potenzial ausschöpfst.

Also, los geht's! Plane deine vierteljährliche Überprüfung, reflektiere über deine Fortschritte und setze neue Ziele. Du hast die Macht, dein Leben zu gestalten und deine inneren Kräfte zu entfesseln. Mach dein Leben zu einem Meisterwerk!

Abschluss: Dein Meisterwerk Leben

Herzlichen Glückwunsch! Du hast eine tiefgreifende Reise durch deine innere Welt gemacht, jeden Anteil benannt, verstanden, gestärkt und balanciert. Du hast die Werkzeuge und das Wissen, um dein Leben zu einem harmonischen und erfüllten Meisterwerk zu gestalten. Doch diese Reise ist nicht das Ende, sondern erst der Anfang.

Stell dir vor, du stehst auf der Spitze eines Berges, den du gerade bestiegen hast. Du blickst auf das weite Panorama deines Lebens, das sich vor dir ausbreitet. Jede Entscheidung, jede Anpassung und jede Reflexion war ein Schritt auf diesem Weg. Jetzt hast du eine klare Sicht und ein tiefes Verständnis für die Kräfte, die in dir wirken.

Die Arbeit mit deinen Persönlichkeitsanteilen hat dir gezeigt, dass du der Regisseur deines Lebens bist. Du hast die Macht, die verschiedenen Aspekte deiner Persönlichkeit zu integrieren und in Einklang zu bringen. Diese Balance ermöglicht es dir, dein volles Potenzial zu entfesseln und ein Leben in völliger Harmonie und Erfüllung zu führen.

Dein nächster Schritt: Bleib am Ball:

1. Reflektiere regelmäßig: Nimm dir vierteljährlich Zeit, um deine innere Welt zu überprüfen und sicherzustellen, dass du in Balance bleibst.

2. Sei flexibel: Das Leben ist dynamisch. Sei bereit, deinen Plan anzupassen und auf Veränderungen zu reagieren.

3. Feiere deine Erfolge: Anerkenne und feiere die Fortschritte, die du gemacht hast. Jeder Schritt nach vorne ist ein Grund zur Freude.

4. Setze neue Ziele: Lass dich von deiner Vision leiten und setze dir kontinuierlich neue, inspirierende Ziele.

Dein Leben ist dein Meisterwerk

Du bist der Künstler, der jeden Tag einen neuen Strich auf die Leinwand deines Lebens malt. Du bist der Komponist, der jede Note deiner Lebenssymphonie schreibt. Du bist der Architekt, der jeden Stein deines Lebensgebäudes setzt.

Entfessle deine inneren Kräfte und kreiere das Leben, von dem du immer geträumt hast. Nutze die Werkzeuge der Anteilsarbeit, um deine innere Balance zu finden und zu erhalten. Sei der Regisseur deines Lebensfilms und schaffe Szenen voller Mut, Weisheit, Kreativität und Harmonie.

Du hast die Macht, deine Anteile zu integrieren und ein erfülltes Selbst zu finden. Geh raus und kreiere dein Meisterwerk! Dein bestes Leben wartet auf dich.

Also, los geht's! Nutze diese Macht, gestalte deine innere und äußere Welt und erlebe die Erfüllung, die aus wahrer innerer Balance kommt. Dein Leben ist ein Kunstwerk – mach es zu einem Meisterwerk!

Gestalte Dein Umfeld und entfessle Dein Potenzial!

> Beginne Dein Abenteuer!

Stell dir vor, du stehst an der Schwelle zu einem neuen Kapitel deines Lebens – einem Kapitel voller Inspiration, Unterstützung und unerschütterlicher innerer Stärke. Genau das erwartet dich, wenn du dich darauf konzentrierst, dein Umfeld bewusst zu gestalten. Dein Umfeld ist der Nährboden für dein Wachstum und der Motor, der dich zu einem erfüllten und bedeutungsvollen Leben führt.

Heute ist der Tag, an dem du die Entscheidung triffst, dich mit Menschen zu umgeben, die deine Träume nähren und dein Potenzial entfesseln. Erkenne, dass du die Macht hast, dein Umfeld aktiv zu gestalten und zu beeinflussen. Wenn du dich mit positiven, unterstützenden und inspirierenden Menschen umgibst, öffnest du die Tür zu unendlichen Möglichkeiten und einem Leben, das im Einklang mit deinem wahren Ich steht.

Nimm dir Zeit, um dein aktuelles Umfeld zu reflektieren. Frage dich, wer dich inspiriert und wer dich möglicherweise zurückhält. Sei dabei mutig und ehrlich zu dir selbst. Diese Klarheit wird dir helfen, Entscheidungen zu treffen, die wirklich zu deinem Wachstum und deiner Erfüllung beitragen.

Denke daran: Dein Umfeld ist deine Superkraft. Es gibt dir die Energie, die du brauchst, um Hindernisse zu überwinden und dein bestes Leben zu leben. Indem du dein Umfeld bewusst gestaltest, wirst du authentischer, selbstbewusster und erfüllter. Du wirst zu der Person, die du immer sein solltest.

Lass uns gemeinsam aufbrechen – zu einer Reise, die dich zurück zu dir selbst führt. Heute ist kein gewöhnlicher Tag, sondern genau der richtige Moment, um den ersten Schritt zu wagen und dein Leben nach deinen eigenen Vorstellungen zu formen. Du trägst so viel in dir – jetzt ist die Zeit, es sichtbar zu machen. Die Welt ist bereit. Bist du es auch?

Warum ein positives Umfeld so wichtig für uns ist

Ein positives Umfeld ist wie fruchtbarer Boden für eine Pflanze: Es nährt uns, gibt uns Halt und ermöglicht es uns, zu wachsen und zu gedeihen. Doch warum ist ein positives Umfeld so wichtig für uns? Lass uns die kraftvollen Gründe entdecken, die zeigen, wie entscheidend dein Umfeld für dein Wohlbefinden und deinen Erfolg ist.

1. **Förderung von Wachstum und Entwicklung:**
   Ein unterstützendes Umfeld wirkt wie nährreicher Boden: Es lässt dich wachsen, dich ausprobieren und über dich hinauswachsen. Wenn du von Menschen umgeben bist, die an dich glauben, dich ehrlich spiegeln und

dich ermutigen, fällt es leichter, neue Wege zu gehen und an dich selbst zu glauben. In einem positiven Umfeld wird Wissen geteilt, Fehler dürfen gemacht werden – und Entwicklung wird zur gemeinsamen Reise statt zum einsamen Kampf. Hier entsteht Raum für echte Verbindung, Inspiration und persönliches Wachstum.

Studie: Eine Untersuchung von Fredrickson (2001) zur „Broaden-and-Build-Theorie" zeigt, dass positive Emotionen die Fähigkeit erweitern, kreative Lösungen zu finden und Resilienz aufzubauen. Ein unterstützendes Umfeld fördert diese positiven Emotionen und damit auch dein Wachstum.

2. **Verbesserte mentale und emotionale Gesundheit:** Ein positives Umfeld wirkt wie ein innerer Ruhepol. Wenn du dich sicher, verstanden und unterstützt fühlst, sinkt der innere Druck – Stress, Sorgen und Ängste verlieren an Schärfe. Menschen, die dich wirklich sehen und dir zuhören, helfen dir, schwierige Phasen besser zu bewältigen. Du musst nicht stark sein, um dazugehören zu dürfen. In einem solchen Umfeld darfst du echt sein, Gefühle zeigen und dich Schritt für Schritt stabilisieren – ohne Angst vor Bewertung. Das gibt dir die Kraft, dich emotional zu erholen und mental zu wachsen.

Studie: Laut einer Studie von Cohen und Wills (1985) kann soziale Unterstützung als Puffer gegen die negativen Auswirkungen von Stress wirken. Ein positives Umfeld trägt somit maßgeblich zu deiner mentalen und emotionalen Gesundheit bei.

3. **Stärkung des Selbstwertgefühls und der Selbstachtung:** Menschen in einem positiven Umfeld erkennen und schätzen deine Stärken und Erfolge. Diese Anerkennung und Wertschätzung erhöhen dein Selbstwertgefühl und deine Selbstachtung. Du fühlst dich respektiert und

geliebt, was dein Selbstvertrauen stärkt, und dich ermutigt, deine Ziele zu verfolgen.

Beispiel: Wenn du von einem Team unterstützt wirst, das deine Fähigkeiten und Beiträge anerkennt, fühlst du dich wertgeschätzt und motiviert, noch mehr zu geben. Dieses positive Feedback-Schleifen stärkt dein Selbstbild und deine Motivation.

4. **Erhöhung der Lebenszufriedenheit und des Wohlbefindens:**
Ein positives Umfeld trägt wesentlich zur Steigerung deiner Lebenszufriedenheit bei. Wenn du von Menschen umgeben bist, mit denen du lachen, wachsen und dich wirklich verbinden kannst, entsteht ein tiefes Gefühl von Sinn und Zugehörigkeit. Diese Beziehungen nähren dein inneres Gleichgewicht – sie schenken dir Freude, echte Begegnung und das sichere Gefühl, nicht allein durchs Leben zu gehen. Solche Momente, in denen du dich wirklich gesehen und verbunden fühlst, sind oft die, an die wir uns ein Leben lang erinnern – weil sie uns erfüllen.

Studie: Diener und Seligman (2002) fanden heraus, dass enge soziale Beziehungen einer der stärksten Prädiktoren für Lebenszufriedenheit und Wohlbefinden sind. Ein positives Umfeld fördert solche wertvollen Beziehungen.

5. **Förderung positiver Verhaltensweisen und Gewohnheiten:**
Dein Umfeld hat einen direkten Einfluss darauf, wie du denkst, handelst und dich entwickelst. Wenn du von Menschen umgeben bist, die selbst Verantwortung übernehmen, achtsam mit sich umgehen und sich weiterentwickeln wollen, färbt das auf dich ab. Sie inspirieren dich, gute Entscheidungen zu treffen – ob bei deiner Gesundheit, deinen beruflichen Zielen oder deiner persönlichen Entfaltung. In

einem solchen Umfeld fällt es leichter, dranzubleiben, neue Gewohnheiten zu etablieren und Rückschläge nicht als Scheitern, sondern als Lernchance zu sehen. Du wirst nicht nur unterstützt, sondern auch mitgezogen – im besten Sinne.

Beispiel: Wenn du dich mit Menschen umgibst, die einen gesunden Lebensstil führen, wirst du eher dazu inspiriert, ähnliche gesunde Entscheidungen zu treffen und beizubehalten.

Fazit

Ein positives Umfeld ist mehr als nur eine angenehme Umgebung – es ist einer der Schlüssel zu deinem Wachstum, deiner Gesundheit und deinem Glück. Es fördert deine Entwicklung, stärkt deine mentale und emotionale Gesundheit, erhöht dein Selbstwertgefühl, steigert deine Lebenszufriedenheit und motiviert dich, positive Verhaltensweisen zu entwickeln.

Indem du bewusst ein positives Umfeld aufbaust und pflegst, schaffst du die Voraussetzungen für ein erfülltes und erfolgreiches Leben. Erkenne die Kraft deines Umfelds und nutze sie, um dein volles Potenzial zu entfesseln. Die Welt wartet auf das Beste von dir – gestalte dein Umfeld und erlebe die transformative Wirkung, die es auf dein Leben haben kann!

Praxisteil

Welche Netzwerke hast du aktuell?

Beginne damit, dein aktuelles Umfeld zu reflektieren. Gehe Netzwerk für Netzwerk durch und stelle dir folgende Fragen:

1. Wenn du 100 % deiner Zeit nimmst, wieviel Zeit verbringst du mit diesen Netzwerken?

2. Wie fühlst du dich hinterher, wenn du mit diesem Netzwerk zusammen warst – hast du mehr oder weniger Energie?

3. Nimm nun die Top 3 Werte aus dem vorherigen Modul. Inwieweit vertreten diese Netzwerke deine Werte?

Super! Du hast nun herausgefunden, welche Netzwerke du hast und sogar festgestellt, welche dir guttun und welche dir Energie rauben. Das ist ganz natürlich und es muss erst einmal nichts passieren. Lass uns einfach mal weiter schauen und deine „Fangnetze" reflektieren:

Stärkung von energiespendenden Netzwerken

Erkenne die Netzwerke, die dir Energie geben und fördere diese Verbindungen. Diese Menschen und Gruppen inspirieren dich, unterstützen dich und helfen dir, zu wachsen. Hier sind einige Schritte, um diese Netzwerke zu stärken:

- Investiere mehr Zeit und Energie in diese Beziehungen.
- Suche nach neuen gemeinsamen Aktivitäten oder Projekten, die eure Verbindung vertiefen.
- Zeige Wertschätzung und Dankbarkeit für die Unterstützung und Inspiration, die du erhältst.

Umgang mit energieraubenden Netzwerken

Manchmal gibt es Netzwerke, die dir Energie rauben. Hier sind einige Möglichkeiten, wie du damit umgehen kannst:

1. Positiv verändern: Kannst du etwas an diesem Netzwerk positiv verändern? Hier birgt sich die Chance zum Wachsen! Sprich offen über deine Bedürfnisse und setze klare Grenzen.

2. Reduzieren: Kannst du die Zeit, die du mit diesem Netzwerk verbringst, reduzieren? Finde Wege, weniger Energie in diese Beziehungen zu investieren.

3. Ersetzen: Kannst du dieses Netzwerk durch ein positives ersetzen? Suche nach neuen Verbindungen, die besser zu deinen Werten und Bedürfnissen passen.

Falls du momentan nichts verändern kannst, überlege, wie du einen guten Ausgleich schaffen kannst. Denke daran, was dir langfristig guttut und wie lange du bereit bist, deine Energie mit diesem Umfeld zu reduzieren.

Weitere Netzwerke aufbauen

Manchmal fehlt nur ein neuer Impuls von außen, um innerlich weiterzukommen. Überlege, wo du dir bewusst ein neues Netzwerk aufbauen kannst – nicht nur, um Kontakte zu knüpfen, sondern um Räume zu finden, in denen du dich verstanden, inspiriert und unterstützt fühlst. Suche Menschen, die deine Werte teilen und dich in deinem Wachstum bestärken.

- **Berufliche Netzwerke:** Schließe dich Fachgruppen, Branchenforen oder lokalen Business-Treffen an, um dich fachlich weiterzuentwickeln und dich mit Gleichgesinnten auszutauschen.

- **Persönliche Interessen:** Ob Kreativ-Workshop, Wandergruppe oder Buchclub – dort, wo dein Herz aufgeht, findest du oft auch Menschen, die dich bereichern.

- **Ehrenamt & Engagement:** Engagiere dich für eine Sache, die dir am Herzen liegt – und triff andere, die mit Leidenschaft und Sinn unterwegs sind.

Erkenne, wie sehr dein Umfeld dich prägt – und dass du es aktiv mitgestalten kannst. Dein Leben verdient die Menschen, die dich aufblühen lassen. Mach dich auf den Weg dorthin – Schritt für Schritt.

Schlusswort

Dein Weg beginnt jetzt!
Du hast dich mit den wichtigsten Fragen deiner persönlichen Entwicklung auseinandergesetzt. Du hast reflektiert, analysiert und neue Perspektiven auf dich selbst gewonnen. Doch hier endet die Reise nicht – **sie beginnt jetzt erst richtig.**

Dieses Buch war nicht dazu gedacht, dir einfach nur Wissen zu vermitteln. Es sollte dir **Werkzeuge an die Hand geben**, um dein Leben bewusster zu gestalten, Klarheit über deine Werte, Stärken und Ziele und dich selbst zu gewinnen und aktiv Veränderungen herbeizuführen. Denn Erfolg und Erfüllung sind keine Zufallsprodukte – sie entstehen durch **bewusste Entscheidungen, innere Klarheit und konsequentes Handeln.**

Warum Veränderung oft schwerfällt – und warum du es trotzdem tun solltest

Vielleicht hast du während der Übungen gemerkt, dass Veränderung oft mit Widerständen einhergeht. Unser Gehirn liebt Gewohnheiten – sie geben uns Sicherheit, selbst wenn sie uns nicht guttun. Doch Wachstum passiert **außerhalb der Komfortzone.** Es erfordert Mut, neue Wege zu gehen, festgefahrene Denkmuster zu hinterfragen und sich nicht von Ängsten oder Zweifeln zurückhalten zu lassen.

Viele Menschen bleiben in einer Situation, die sie unglücklich macht, weil sie sich vor dem Unbekannten fürchten. Doch die wahre Gefahr besteht nicht darin, dass eine Veränderung scheitern könnte – sondern darin, **ein Leben zu führen, das sich nicht nach deinem eigenen anfühlt.**

Ich habe in über 5000 Veränderungsprozessen immer wieder dieselben Muster beobachtet:

- Menschen, die alles erreicht haben, was sie sich vorgenommen hatten – aber sich trotzdem leer fühlten.
- Menschen, die sich nach außen hin erfolgreich präsentierten, aber innerlich ständig das Gefühl hatten, dass „etwas fehlt".
- Menschen, die spürten, dass sie einen anderen Weg gehen sollten, aber Angst davor hatten, diesen Schritt zu wagen.

Der entscheidende Unterschied zwischen denen, die ihr Potenzial wirklich entfalten, und denen, die stagnieren, ist **ihre Bereitschaft zur ehrlichen Selbstreflexion und zur aktiven Veränderung.**

Du hast diese Bereitschaft bereits bewiesen – denn du hast dieses Buch bis hierhin durchgearbeitet. Das zeigt, dass du bereit bist, tiefer zu blicken, Dinge zu hinterfragen und bewusste Entscheidungen für dein Leben zu treffen.

Erfolg fühlt sich nur dann gut an, wenn er zu dir passt
Ein zentraler Punkt, den du aus diesem Buch mitnehmen solltest, ist: **Erfolg ist nicht gleich Erfüllung.**

Wir wachsen in einer Welt auf, in der Erfolg oft nach äußeren Maßstäben definiert wird – Einkommen, Titel, Status, gesellschaftliche Anerkennung. Doch was bringt es dir, alle „klassischen" Ziele zu erreichen, wenn du innerlich spürst, dass sie dich nicht glücklich machen?

Erfolg fühlt sich nur dann gut an, wenn er **zu deiner Persönlichkeit, deinen Werten und deinen Lebensvorstellungen passt.**

Also frage dich:

1. Sind deine aktuellen Ziele wirklich DEINE Ziele – oder entsprechen sie nur den Erwartungen anderer?

2. Lebst du nach deinen eigenen Werten – oder passt du dich an, um dazuzugehören?

3. Hast du das Gefühl, dass dein aktueller Weg langfristig zu Zufriedenheit und Erfüllung führt – oder funktionierst du einfach nur?

Diese Fragen sind unbequem, aber sie sind entscheidend. Denn **echte Veränderung beginnt mit ehrlicher Selbstreflexion.**

Jetzt liegt es an dir.
Hier sind drei Dinge, die du tun kannst, um das Gelernte langfristig in dein Leben zu integrieren:

1. **Setze klare Ziele – und zwar DEINE eigenen.**
   Nicht, was die Gesellschaft, dein Umfeld oder dein Ego von dir erwartet – sondern das, was wirklich zu dir passt.

2. **Bleib in der Selbstreflexion.**
   Nimm dir regelmäßig Zeit, um innezuhalten und zu hinterfragen: Bin ich noch auf meinem eigenen Weg oder habe ich mich ablenken lassen?

3. **Handle. Jeden Tag.**
   Veränderung geschieht nicht durch große Sprünge, sondern durch konsequente, tägliche Entscheidungen. Es sind nicht die spektakulären Einschnitte, die langfristig den Unterschied machen – sondern die kleinen, bewussten Schritte, die du jeden Tag gehst.

Was bedeutet Erfolg für dich – wirklich?

Ich lade dich ein, über diese Frage nachzudenken: **Wie sieht Erfolg für DICH aus?**

Nicht für deine Familie, nicht für deine Kollegen, nicht für dein früheres Ich, das bestimmte Träume hatte, die heute vielleicht nicht mehr zu dir passen.

Erfolg ist nicht nur ein Ziel – es ist ein Zustand. **Ein Zustand, in dem du weißt, dass du dein eigenes Leben führst.**

Ein Zustand, in dem du morgens aufwachst und es kaum erwarten kannst, loszulegen.

Ein Zustand, in dem du mit Klarheit, Selbstbewusstsein und Zufriedenheit durchs Leben gehst – weil du nicht mehr nur funktionierst, sondern wirklich **lebst**.

Meine Wünsche für dich

Ich wünsche dir, dass du den Mut hast, **deinen eigenen Weg zu gehen** – unabhängig von Erwartungen, Konventionen oder Ängsten.

Ich wünsche dir, dass du dein Potenzial nicht nur erkennst, sondern auch nutzt – in einer Art und Weise, die dich erfüllt.

Ich wünsche dir, dass du dein Leben mit Klarheit, Freude und Begeisterung lebst – weil du weißt, dass es dein eigenes ist.

Und ich wünsche dir, dass du **niemals vergisst**, dass du die Kraft hast, dein Leben selbst zu gestalten.

Also frage dich noch einmal: Was ist dein konkreter nächster Schritt?

Ich glaube an dich. Jetzt ist es Zeit, dass du auch an dich glaubst.

Los geht's!

Quellen zum Buch

Internal Family Systems (IFS): Richard C. Schwartz, "Internal Family Systems Therapy" (1995).
Ego-State-Therapie: John und Helen Watkins, "Ego States: Theory and Therapy" (1997).
Carl Gustav Jung: Arbeiten über Archetypen und den "Schatten", wie "Die Archetypen und das kollektive Unbewusste" (1934).
Gestalttherapie: Fritz Perls, "Gestalt Therapy Verbatim" (1969).
Stephen R. Covey: "Die 7 Wege zur Effektivität" (1989).
Brené Brown: "Daring Greatly" (2012).
Julia Cameron: "Der Weg des Künstlers" (1992).
Daniel J. Siegel: "Mindsight" (2010).
Martin Seligman: "Flourish" (2011).
Kurt Lewin: Feldtheorie (1935).
Betty Edwards: "Drawing on the Right Side of the Brain" (1979).
Barbara Sher: "Wishcraft" (1979).

Michal Kosinski und David Stillwell: Studien über Persönlichkeit und Big Data.

Carlson L. E., Speca M., Patel K. D. & Goodey E: "Studie zur achtsamkeitsbasierte Stressreduktion" (2003).

Deci E. L. & Ryan R. M: "Studie zur Selbstbestimmungstheorie" (2000).

Babyak, M., Blumenthal, J. A., Herman, S., Khatri, P., Doraiswamy, M., Moore, K., Craighead, W. E., Baldewicz, T. T., & Krishnan, K. R. (2000). *Exercise treatment for major depression: Maintenance of therapeutic benefit at 10 months.* Psychosomatic Medicine, 62(5), 633–638.

Frankl, V. E. (2006). *...trotzdem Ja zum Leben sagen: Ein Psychologe erlebt das Konzentrationslager.* München: Deutscher Taschenbuch Verlag (dtv). (Original: Man's Search for Meaning, 1946/1959).

Gómez-Pinilla, F. (2008). *Brain foods: The effects of nutrients on brain function.* Nature Reviews Neuroscience, 9(7), 568–578.

Kross, E., Bruehlman-Senecal, E., Park, J., Burson, A., Dougherty, A., Shablack, H., Bremner, R., ... Ayduk, Ö. (2014). *Self-talk as a regulatory mechanism: How you do it matters.* Journal of Personality and Social Psychology, 106(2), 304–324.

Lally, P., van Jaarsveld, C. H. M., Potts, H. W. W., & Wardle, J. (2010). *How are habits formed: Modelling habit formation in the real world.* European Journal of Social Psychology, 40(6), 998–1009.

Matthew P. Walker. (2009). *The role of sleep in cognition and emotion.* Annals of the New York Academy of Sciences, 1156, 168–197.

Park, N., Peterson, C., & Seligman, M. E. P. (2004). *Strengths of character and well-being.* Journal of Social and Clinical Psychology, 23(5), 603–619.

Schwartz, S. H. (2012). *Refining the theory of basic individual values.* Journal of Personality and Social Psychology, 103(4), 663–688.

Sheldon, K. M., & Kasser, T. (1995). *Coherence and congruence: Two aspects of personality integration*. Journal of Personality and Social Psychology, 68(3), 531–543.

Suzanne C. Segerstrom & Sandra E. Sephton (2010). *Optimistic expectancies and cell-mediated immunity: The role of positive affect*. Psychological Science, 21(3), 448–455.

GPSR Compliance

The European Union's (EU) General Product Safety Regulation (GPSR) is a set of rules that requires consumer products to be safe and our obligations to ensure this.

If you have any concerns about our products, you can contact us on ProductSafety@springernature.com

In case Publisher is established outside the EU, the EU authorized representative is:

Springer Nature Customer Service Center GmbH
Europaplatz 3
69115 Heidelberg, Germany

Batch number: 09460576

Printed by Printforce, the Netherlands